Tamara Leszner/Ingolf Stein

Lehm-Fachwerk

Alte Technik – neu entdeckt

Rudolf Müller

Die Verarbeitungs- und Anwendungsempfehlungen erfolgen nach bestem Wissen. Da kein Einfluß auf die Ausführung besteht, lassen sich jedoch aus den Empfehlungen keine Ansprüche ableiten.

CIP-Kurztitelaufnahme der Deutschen Bibliothek

Leszner, Tamara:
Lehm-Fachwerk
Alte Technik – neu entdeckt
Tamara Leszner; Ingolf Stein
Köln: R. Müller 1987

ISBN 3-481-25491-1

NE: Stein, Ingolf

ISBN 3-481-25491-1

Umschlaggestaltung: Rainer Geyer, Köln
Umschlagfoto: Heinz Riepshoff, Interessengemeinschaft
Bauernhaus e.V., Kirchseelte
Lektorat: Wilhelm Kirchgässner, Bremen
Satz: Satzstudio Widdig, Köln
Druck: Druckerei A. Hellendoorn, Bad Bentheim
Printed in Germany

90 89 88 87 4 3 2 1

Inhalt

5 Aufbereiten und Anmischen

6 Ausfachungen

7 Wärmeisolierende Innenschale

8 Geschoßdecken

9 Verputz

10 Reparaturen

11 Anstriche

12 Neubauten aus Leichtlehm

13 Anhang

Rezepte

1

Alte Technik - neu entdeckt

Lehm schafft ein gesundes, angenehmes Wohnklima, er ist auch vom Laien einfach und problemlos zu verarbeiten. Da er praktisch überall vorkommt, gilt er als ein sehr kostengünstiges Baumaterial. Baufachleute sind sich darüber einig, daß Lehm der Baustoff ist, der sich am besten mit Holzbauteilen verträgt.
Daraus folgt, so sollte man meinen, daß Holzfachwerkbauten mit Lehm ausgefacht, die Decken mit Lehmschlag verfüllt und die Wände mit Lehm verputzt werden. Das ist aber über Jahrzehnte nicht gemacht worden; und auch heute noch werden meist andere Baustoffe als Ausfachungs-, Dämm- und Putzmaterialien verwendet.
Dreierlei wird gegen den Lehm als Baustoff vorgebracht: die Wasseranfälligkeit, aus der ein ständiger, hoher Reparaturbedarf abgeleitet wird, die langen Trockenzeiten beim Bau und der angeblich hohe Arbeitsaufwand.

Wasseranfälligkeit

Die Wasseranfälligkeit stellt, bei richtigem Verputz und Anstrich kein Problem dar; die erhaltenen Ausfachungen in zwei- bis dreihundert Jahre alten Fachwerkgebäuden beweisen dies noch heute.

Trockenzeiten

Wenn das Bauen mit Lehm zur rechten Jahreszeit, d. h. im Frühjahr und Sommer ausgeführt wird und die sechs- bis achtwöchige Trocknungszeit bei der Bauplanung berücksichtigt wird, treten keine nennenswerten Zeitverzögerungen auf.

Angeblich hoher Arbeitsaufwand

Daß der gleiche Baustoff schon vor Hunderten von Jahren verwendet wurde, bedeutet nicht, daß die Arbeitsmethoden mittelalterlich sein müssen; was früher nur mit Muskelkraft erfolgen konnte, kann heute durch Maschinenarbeit erheblich vereinfacht werden. Dies gilt vor allem für den arbeitsintensivsten Teil des Lehmbaus, das Aufbereiten des Materials.

Seit das von Ökologen und Baubiologen propagierte *Gesunde Wohnen* aus dem »Arme-Leute-Material« Lehm wieder einen begehrten Baustoff gemacht hat, gibt es immer mehr Firmen, die Lehmarbeiten übernehmen und die durch Maschineneinsatz durchaus konkurrenzfähig sind.

Einfache, angenehme Verarbeitung

Für den Bauherrn, der vieles selber machen will, ist neben dem späteren Wohnklima, der richtigen bauphysikalischen Ausführung und der Kostenfrage auch der eigentliche Arbeitsprozeß wichtig. Lehm, der »sanfte Baustoff Erde«, wie er auch genannt wird, ist einfach und angenehm zu verarbeiten und darüber hinaus in besonderem Maße hautverträglich.

Lehm ist mit den einfachsten Werkzeugen zu verarbeiten, notfalls – und gar nicht mal schlecht – mit den Händen. Die Arbeitstechniken sind auch von Laien oder Hilfskräften schnell zu erlernen und problemlos auszuführen: Risse, Schwundstellen oder eine größere »Delle« kann man noch nach Tagen oder Wochen nachbessern. Und wenn es ganz verkehrt war oder nicht richtig gefällt, kann jedes einzelne

Mit dem natürlichen Baustoff Lehm können auch kleine Kinder gefahrlos spielen.

Bauteil neu gemacht werden, denn einmal verarbeitetes Lehm-Material ist immer wiederzuverwenden.

Jahrtausende alter Baustoff

Seit Jahrtausenden ist Lehm als Baustoff bekannt. In unterschiedlichen Teilen der Welt und zu verschiedenen Zeiten haben sich spezifische Techniken für die Konstruktion und die Verarbeitung entwickelt. In den südlichen Ländern ist der Lehmmassivbau weit verbreitet, während in Nordeuropa der Lehmfachwerkbau größere Bedeutung fand.

Zwei Lehmbautechniken:
Lehmmassivbau
Lehmfachwerkbau

Beim Lehmmassivbau ist die Lehmwand tragendes Bauteil, der Lehmfachwerkbau besteht aus einem Holztragegerüst, das die statischen Funktionen (auch ohne Ausfachung) erfüllt; Lehm wird hier ausschließlich als Füllmaterial verwendet.

Diese vor 3000 Jahren im Tal der Könige bei Luxor in Ägypten errichteten nubischen Gewölbe beweisen die Haltbarkeit des Baustoffs Lehm.

Wir konzentrieren uns hier auf die Lehmarbeiten am Fachwerkbau.

Sanierung mit Lehm

Wärmedämmung

Die Tradition des Fachwerkbaus reicht in Deutschland bis ins Mittelalter zurück. Dementsprechend groß ist die Zahl der Fachwerkbauten, die repariert, renoviert und saniert werden müssen. Eine Aufgabe, die mit keinem anderen Material so dauerhaft, langfristig und schadensfrei ausgeführt werden kann wie mit Lehm. Dies gilt vor allem dann, wenn neben der reinen Renovierung eine zusätzliche Wärmedämmung eingebracht werden muß. (Auch sie kann mit Lehm – in diesem Fall mit Leichtlehm – erfolgen.)

Daß die Renovierung von Fachwerkbauten mit Lehm auch im Sinne der Denkmalpflege liegt, ist ein zusätzlicher Vorteil dieser Bauweise.
Bei den praxisbezogenen Arbeitsanleitungen beschränken wir uns in diesem Buch auf die reinen Lehmarbeiten und weitestgehend auf die Reparatur und Sanierung vorhandener Bausubstanz.

Maschineneinsatz

Neben der Darstellung der alten Arbeitstechniken und ihrer Erleichterung durch Maschineneinsatz geht es uns auch um kostengünstiges Bauen, und das bedeutet bei der Altbausanierung:

Kostengünstiges Bauen

So viel wie möglich erhalten und reparieren, so wenig wie nötig auswechseln und ergänzen.

Die an Altbauten dargestellten Techniken können selbstverständlich immer auch für Neubauten entsprechend angewendet werden.

Lehmarbeiten im Fachwerkbau

Die Geschichte des Fachwerkbaus ist umfassend erforscht worden. In vielen Übersichtswerken und Einzeldarstellungen werden Konstruktion und Gestaltung des Holztragewerks beschrieben.
Über den Lehm, der bis in unser Jahrhundert hinein für Ausfachungen, Deckenfüllungen, Erdgeschoßböden und Putze verwendet wurde, finden sich über die bloße Erwähnung hinaus selten nähere Angaben. Dies mag daran liegen, daß das Holztragegerüst die statischen Funktionen des Baus übernimmt, und seine Erstellung immer ein *zünftiges,* von Zimmerleuten ausgeführtes Handwerk war, während der »gewöhnliche Lehmschlag« von den Bauern selbst und in den Städten von angelernten und ungelernten Hilfskräften eingebracht wurde. Erst später setzte man auch Maurer, Verputzer und Anstreicher ein. In Nürnberg gab es allerdings bis zum 17. Jahrhundert eine eigene Lehmbauer-Zunft, die der sogenannten »Leimer«.

Selbstbau

Für den Selbstbau erscheint die Holzständerkonstruktion mit Lehmschlag geradezu ideal: die tragenden Teile werden (wie früher) vom Zimmermann erstellt. Ein etwaiger Fehler beim Ausbau mit Lehm ist leicht, und (wenn man in diesem Fall die eigene Arbeitszeit nicht rechnet) ohne zusätzliche Kosten zu beheben.

»Rezepte«

Nur bei gestampften Böden wird der Lehm so verarbeitet, wie er in der Natur vorkommt, in allen anderen Fällen wird er mit Zuschlagstoffen versetzt. Ein allgemeingültiges Rezept kann es nicht geben, denn Lehm ist von Landstrich zu Landstrich und von Grube zu Grube sehr unterschiedlich. Früher wurden die Rezepte für das Anmischen und das Verarbeiten des örtlichen Lehms (der über Jahrzehnte der gleichen Lehmkuhle entnommen wurde) von Generation zu Generation, von Nachbar zu Nachbar weitergereicht.
Diese Rezepte und Erfahrungswerte sind kaum noch vorhanden. Vor der Verarbeitung muß der Lehm darum heute auf seine Eigenschaften hin untersucht werden. Wenn es auch einiger theoretischer Vorbemerkungen über den Baustoff Lehm bedarf, so ist dies doch nicht so schwierig, wie es auf den ersten Blick erscheint.

Prüfverfahren

Prüfverfahren und andere sehr detaillierte Informationen über den Baustoff Lehm, die Fundorte und Verarbeitungsweisen, wurden nach dem Zweiten Weltkrieg für den Lehmmassivbau erarbeitet und in der (1971 ersatzlos gestrichenen) DIN 18 952 zusammengefaßt. Vieles davon ist auch für den Fachwerkbau verwendbar.

Und dennoch: Lehm ist kein Fertigprodukt, das mit Verarbeitungshinweisen vom Hersteller versehen, in Säcken abgepackt im Baustoffhandell erhältlich ist. Nicht zuletzt darin liegt der Reiz dieses Materials.

2 Lehm im Fachwerkbau

Dreihundert oder vierhundert Jahre alte Fachwerkhäuser sind in Deutschland keine Seltenheit. Diese Gebäude können gut noch einmal so lange halten, wenn sie gepflegt und nicht mit falschen Baumaterialien gestrichen, ausgefacht oder isoliert werden. Lehm ist das Material, mit dem die Holzkonstruktion eines Fachwerkhauses langfristig am besten geschützt werden kann.
Im Prinzip gibt es bei Fachwerkbauten nur zwei Arten von Bauschäden: durch statische Fehler hervorgerufene und durch Feuchtigkeit verursachte.

Gefahren für die Holzkonstruktion

Die statische Konstruktion des Holztragegerüstes wird von Statiker und Zimmermann so berechnet und ausgelegt, daß alle Kräfte und Lasten, die auf die Konstruktion einwirken, aufgenommen und abgeleitet werden können.

Statische Probleme

Die Holzkonstruktion alter Fachwerkhäuser ist fast immer ausreichend dimensioniert. Sie kann neben den Ausfachungen und Deckenfüllungen aus schwerem Lehmschlag auch das Gewicht von hoch gestapeltem Heu, Stroh und Korn auf den Speicherböden tragen. Statische Probleme treten erst dann auf, wenn konstruktiv notwendige Stützen und Verstrebungen entfernt und die Lasten, z.B. durch Einbauten, erheblich erhöht werden.

Ständige Durchfeuchtung

Eichenholz hält im Wasser mindestens eintausend und an der Luft gut achthundert Jahre. Das Holz fault und zerfällt allerdings bei ständiger Durchfeuchtung an der Luft. Die Schäden entstehen dabei nicht nur durch das Wasser selbst, sondern auch durch Schädlinge und Pilze, die in der Feuchtigkeit gedeihen.

Schlagregen, Spritzwasser und vor allem Feuchtigkeit aus dem Hausinneren sind – neben aufsteigender Feuchtigkeit – die Hauptursachen für den Verfall der Bausubstanz. Sie sind aber solange unproblematisch, wie das Holz die Möglichkeit hat, schnell wieder abzutrocknen.

Zitat auf einem Bauseminar des »Instituts für Bauen mit Kunststoffen«:

»Die Ausfachung eines Holzfachwerks mit Strohlehm ist elastisch, belastbar und sehr homogen. Bei Nässeeinwirkung in den Anschlußfugen tritt durch Plastifizierung und Quellen des Lehms eine Art Selbstreparatur ein. Das läßt sich mit den heutigen Materialien nicht mehr nachvollziehen.«

Anschlußfuge zum Holz

Die kritischen Punkte in der Fachwerkfassade sind in der Tat die Anschlußfugen zwischen Holz und Ausfachungen. Auch wenn keine großen Spalten vorhanden sind; Haarrisse, d. h. feine, mit dem bloßen Auge nicht mehr sichtbare Fugen, gibt es immer. Regenwasser und Schlagregen dringen leicht in solche Fugen ein. Der Lehm nimmt das eindringende Wasser auf und schließt die Fuge dadurch, daß er quillt. Dieser abdichtende Effekt der Lehmausfachung wird als *Selbstreparatur des Lehms* bezeichnet.
Harte, starre Ausfachungsmaterialien können dagegen das Wasser nicht aufnehmen; es dringt statt dessen ins Holz ein. Eine Abdichtung der Fuge mit Silikon oder Acrylharz hält nur gewisse Zeit. Das mit der Zeit spröder werdende Material löst sich und wird selbst von Haarrissen durchzogen. Das jetzt auch hier ins Holz eindringende Wasser kann wegen des immer noch vorhandenen Abdichtungsmittels noch schlechter abtrocknen.

Das in die Anschlußfuge und ins Holz eindringende Wasser wäscht alkalische Salze aus dem Zement und lagert sie im Holz ab. Das Holz wird sauer und kann auf die Dauer faulen.

Dampfdiffusion und Wassertransportvermögen

Durchfeuchtungsprobleme aus dem Hausinneren sind hauptsächlich durch verkehrten Wandaufbau bedingt und treten bei einschaligen Holzlehmkonstruktionen nicht auf.

Tauwasserniederschlag bei mehrschaligem Wandaufbau

Bei mehrschaligem Wandaufbau unterscheiden sich die Temperaturen der Baustoffe innerhalb der Wand stark. Es gibt einen »Taupunkt« oder besser eine Dampfniederschlagsfläche und zwar entweder an der Stelle, wo der Wandaufbau durch eine Hohlschicht unterbrochen wird oder dort, wo zwei verschiedene Materialien mit unterschiedlichen Stoffwärmeeigenschaften zusammenstoßen (z. B. Mauersteine und Isolierstoffe).

Tauwasser kondensiert und sammelt sich an der innenliegenden Seite der äußeren Wandschicht. Die Tauwasserbildung ist abhängig von der Luftfeuchtigkeit und der Temperatur (warme Luft kann mehr Wasser oder Luftfeuchtigkeit aufnehmen als kalte).
Durch mangelnde Wassertransportfähigkeit (Kapillarität) der leichten Isolierstoffe kann das Kondenswasser nicht schnell genug an die Oberfläche der Wand zum Ablüften gebracht werden. Es kommt so zur Durchfeuchtung der Wand, und die Isolierstoffe verlieren (durch die gute Wärmeleitfähigkeit des Wassers) weitgehend ihre Wirkung.

Um der Durchfeuchtung der Wand entgegenzuwirken, werden die Isolierstoffe mit wasserundurchlässigen Schichten (Alubeschichtung o. ä.) von der Innenseite der Wand kaschiert. Diese Absperrung hat aber zur Folge, daß die Wand nicht mehr diffusionsoffen ist d. h. »nicht mehr richtig atmen kann«. Hinzu kommt, daß die Kaschierung technisch fast nie so sauber angebracht werden kann, daß sie vollständig dicht ist und daß wirklich kein Tauwasser in die Wand eindringen kann. Um eine immerwährende Austrocknung der Wand zu gewährleisten, darf aber das kapillare Wassertransportvermögen der Baustoffe in der Wand nicht unterbrochen werden.

Tauwasserniederschlag in einschaliger, dampfdurchlässiger Wand

Von einem festen »Taupunkt« ist in einer diffusionsoffenen, einschichtigen Wand, wie sie eine Lehmwand darstellt, nicht zu sprechen. Wenige Zentimeter hinter dem Innenputz der Wand wird der Punkt liegen, wo (abhängig von der Außentemperatur) der Tauwasserniederschlag beginnt. Er setzt sich quer durch die Wand so lange fort, bis die Luft infolge des Dampfdrucks nach außen gelangt ist oder bis sie (bei extremen Außentemperaturen) das in ihr enthaltene Wasser vollständig an die Wand abgegeben hat.

Der Baustoff Strohlehm kann große Mengen Diffusionswasser aufnehmen und – bei veränderten Klimabedingungen – auch wieder abgeben. Und zwar weit mehr als in einem normal genutzten Wohnhaus, wenn es beheizt wird, anfällt.
In alten Fachwerkhäusern mit Lehmausfachung haben Tauwasserprobleme in der Tat wenig Sorgen bereitet.
Die tragenden Holzkonstruktionen und die Lehmausfachungen haben sowohl einen hohen Wasserdampfanfall (z.B. durch Stalldunst, Futterzubereitung, winterliche Schlachtfeste u.ä.) als auch ein Durchfrieren der gesamten Wand von jeher schadlos überstanden. (In den unbeheizten Schlafzimmern bedeckten die Eisblumen oft nicht nur die Fenster, sondern auch die gesamte Außenwand.)

Gleichgewichtsfeuchte

Holz ist wesentlich dampfundurchlässiger als Lehm. Feuchtigkeit, die sich am Holz niederschlägt, kann der Lehm zusätzlich aufnehmen und an die Wandoberfläche transportieren:
Lehm hat eine geringere *Gleichgewichtsfeuchte* als Holz (und auch weniger als fast jeder andere Baustoff). Auch im trockenen Zustand enthält jeder Baustoff eine gewisse Feuchtigkeit, die man als Gleichgewichtsfeuchte bezeichnet. Dort, wo zwei verschiedene Baustoffe zusammentreffen (wie Holz und Lehm), nimmt immer der trockenere Baustoff (in diesem Falle der Lehm mit seiner geringen Gleichgewichtsfeuchte) das anfallende Wasser auf und transportiert es nach außen (Wasser ist immer bestrebt, sich gleichmäßig auszudehnen = Benetzungsstreben).
Die Gleichgewichtsfeuchte von Lehm liegt bei 4 bis 5%. Da tierische und pflanzliche Schädlinge, wie z.B. Pilze und Hausbock sich nur in einem Klima von über 18% Feuchtigkeit entwickeln können, schützt der Lehm außerdem die von ihm umschlossenen Hölzer und Faserstoffe.

Brandverhalten

Die »Windelböden« bezeichneten in Westfalen einen bis zu 50 cm starken Lehmschlag auf der obersten Geschoßdecke. Sie waren eine gute Wärmeisolierung, dienten aber vor allem als Brandabschnitt, indem sie den bewohnten Teil des Hauses vom leicht entflammbaren, strohgedeckten Dach trennten.

Bevor es Schamotte gab, wurden Backöfen und Schornsteine, die Feuer und Hitze standhalten mußten, mit Lehmmörtel vermauert und zur Feuerstelle hin mit Lehm verstrichen. Wenn der Querschnitt stimmt, werden auch heute aus Lehmsteinen oder mit Lehmmörtel gemauerte Schornsteine und Kamine vom Schornsteinfeger anstandslos abgenommen. Denn Lehm gehört (nach DIN 4102 »Brandverhalten von Baustoffen und Bauteilen«) zu den nicht brennbaren Baustoffen (Klasse A 1).
Nach Versuchen, die F. Volhard, Darmstadt, nach den Richtlinien der DIN durchgeführt hat, ist selbst Leichtlehm mit einem Trockengewicht von 440 kg/m³ schwer entflammbar (Klasse B 1) und entspricht damit mineralisch gebundenen Holzwolleleichtbauplatten.
Beim Brandversuch glüht der verputzte Leichtlehm, bleibt aber in sich stabil; es entwickelt sich kein Qualm. Nach dem Versuch ist die Oberfläche 2 bis 3 cm tief verkohlt, darunter zeigt sich eine rote, leicht rissige Schicht: der Lehm ist an der Oberfläche zu Ziegel gebrannt und bedeckt das darunterliegende Lehm-Strohgemisch.
Im Lehm eingebundene Bauteile, wie Holz oder Stroh sind weitgehend vor Feuer geschützt – Lehm vermindert die Brandgefahr in Holzfachwerkbauten.

Wärmespeicherung und Wärmeisolierung

Für ein angenehmes Wohnklima (und eine nicht zu hohe Heizrechnung) sind sowohl eine gute Wärmespeicherung als auch eine gute Wärmeisolierung erforderlich. Die meisten Baustoffe können nur einen dieser beiden Faktoren erfüllen.

Lehm, ein guter Wärmespeicher

Baustoffe, die eine hohe Rohdichte haben, d. h. »schwer« sind (wie z. B. Beton, Klinker, Ziegel und auch Lehm), lassen sich gut aufheizen, speichern die Wärme und geben sie langsam wieder ab.
Die Weinbauern am Rhein nutzen z. B. den Speichereffekt der Erde: Am Tage scheint die Sonne auf die nach Süden gerichteten Weinberge; ein Teil der Wärme dringt in den Boden ein und wird gespeichert. In der kühlen Nacht strahlt der Boden die Wärme wieder ab und schützt die empfindlichen Rebstöcke.
Gute Wärmespeicher sind aber auch gute Wärmeleiter, d. h. je dichter und schwerer ein Baustoff ist, desto schlechter ist seine Isolierwirkung.

Stroh, eine gute Wärmeisolierung

Baustoffe, die leicht sind und viele Lufteinschlüsse aufweisen (wie z.B. Glaswolle, Styropor, Stroh), haben eine geringe Wärmeleitfähigkeit und sind damit gute Isolierstoffe (die beste Isolierung ist eine stehende Luftschicht). Da leichte Isolierstoffe aber keine Masse haben, um die Wärme zu speichern, kühlt ein so isolierter Raum schnell wieder aus, wenn er nicht mehr geheizt wird.

In Lehm kann man große Mengen Faserstoffe einarbeiten und damit seine Isolierwirkung erheblich erhöhen.
Der im Fachwerkbau verwendete Strohlehm hat sowohl speichernde als auch isolierende Wirkung.

Die Außenwände eines Fachwerkhauses bestehen, selbst wenn Staken und Geflecht unberücksichtigt bleiben, zu gut 40% aus Holz. Mit Strohlehm ausgefacht und mit einer Innenschale aus schwerem Leichtlehm isoliert, werden die Anforderungen der DIN 4108 erfüllt und die in der Wärmeschutzverordnung von 1983 angestrebten Werte fast erreicht (s. S. 81), ohne dadurch die beschriebenen Vorteile des Lehms wesentlich zu schmälern.

Vor- und Nachteile des Baustoffs Lehm

In bezug auf Dampfdiffusion, Wassertransportvermögen, Gleichgewichtsfeuchte, Brandverhalten und auch Wärmeisolierung ist Lehm für Fachwerkbauten hervorragend geeignet. Außerdem schützt und konserviert er das Holz besser als jeder andere Baustoff.

Bauphysikalisch gibt es nur einen Nachteil:
Lehm ist wasseranfälliger als andere Baustoffe.
Er muß vor Schlagregen und Spritzwasser geschützt werden.
Und, da er erst nach der Austrocknung frostsicher ist, müssen Lehmarbeiten (zumindest im Außenbereich) bis August durchgeführt sein.
Undichte Dächer, defekte Regenrinnen und nicht ausreichende Dachüberstände gefährden den Lehm und langfristig auch das Holzgerüst.
Ein Lehmfachwerkbau muß, wie jeder andere Bau, gepflegt werden.

Verkleidung der Hauptwetterseite mit (in den feuchten Lehm gedrücktem) Stroh. Bodenhausen, Eifel; 2. Hälfte 17. Jahrhundert – jetzt Freilichtmuseum Kommern.

Erdschichten in einer ca. 5 m tiefen Baugrube: unter der Humusschicht hellbrauner, relativ magerer Lehm, dann rötlich-brauner, sehr fetter Lehm, schließlich grünlicher Tonschiefer.

3

Baustoff Lehm

Vieles von dem, was man theoretisch über den Baustoff Lehm lernen kann, ergibt sich von selbst, wenn mit dem Material gearbeitet wird. Ein erstes Gefühl stellt sich schon ein, wenn man den erdfeuchten Lehm in der Hand bewegt. Probieren Sie es einmal, das folgende liest sich dann leichter.

Wie Lehm entstand

Lehm ist eine besondere Erde, geologisch ausgedrückt, eine Bodenart, die unter der oberen Humusschicht in den meisten Gebieten der Erde vorkommt. Lehm besteht aus Ton und Sand. Das Mischungsverhältnis der beiden Bestandteile ist von Fundort zu Fundort verschieden. Ton und Sand sind, wie z. B. auch Kalk- und Gipsstein, Verwitterungsprodukte aus dem Urgestein.

Verwitterungsprodukte aus dem Urgestein

Das wohl bekannteste Urgestein ist Granit, der aus Feldspat, Quarz und Glimmer besteht. Er gilt als besonders hart und witterungsbeständig. Auch Granit ist aber der Verwitterung ausgesetzt.

Urgestein nennt man die erstarrten Mineralien, die als Gesteinskruste das Erdinnere umhüllen. Die Erdkruste, die eine Stärke von ca. 16 km aufweist, besteht zu 95 % aus Urgestein und zu nur 5 % aus den daraus durch Lösungsvorgänge entstandenen Sedimentgesteinen.

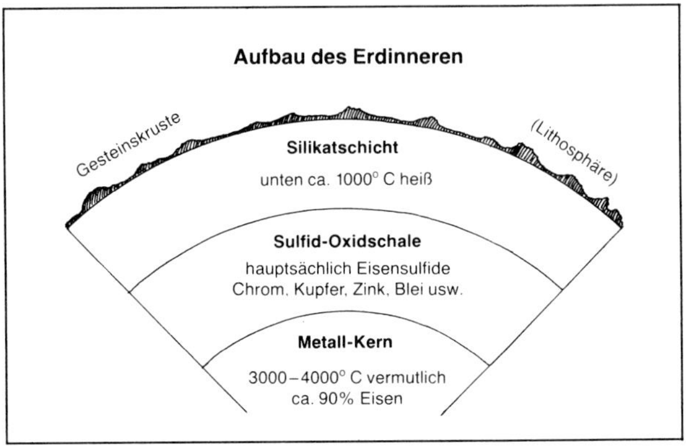

Zeichnung nach K. Krenkler

Durch Einwirkung von Hitze, Frost, Wasser und in der Uratmosphäre vorhandenen Säuren wurde das Urgestein in den oberen Schichten in seine Bestandteile aufgelöst und zum Teil zu Sedimentgesteinen umgeformt.

Quarzsand und -kies

Bleiben wir beim Beispiel Granit: Die im Granit enthaltenen Quarzkristalle werden selten chemisch gelöst. Wird durch die Verwitterung der Feldspat (durch den die Quarzkristalle »verkittet« sind) aufgespalten, so sind sie frei. Durch Wind, Wasser und die Reibung aneinander entstehen Quarzsand und -kies.

Ton

Feldspate sind Verbindungen der Kieselsäure mit Aluminiumoxid und dem Oxid eine zweiten Metalls. Bei der Verwitterung werden die wasserlöslichen Alkali- und Erdalkaliverbindungen herausgelöst (u. a. werden wasserlösliche Salze ausgeschwemmt, werden Kalkverbindungen durch kohlensaures Wasser zu Kalkstein und durch Schwefelsäure zu Gips umgesetzt). Das zurückbleibende Aluminiumsilikat bindet bei diesem chemischen Prozeß Wassermoleküle (sog. Kristallwasser) und wird zu Ton.

Reine Tone finden sich nur an wenigen Orten. Weitaus häufiger sind vom Ursprungsgestein weit entfernte Lagerstätten, wohin die Tonteilchen von Wasser, Regen, Wind und Eis transportiert wurden. Auf ihrem Weg haben sie sich mit anderen Tonen, mit Sand und Kalk vermischt und mit Metallen, Säuren und Salzen angereichert.

Die Verwitterungsprodukte des Urgesteins Quarz, Ton und Kalk kommen nur selten in reiner Form vor. Die Regel sind Mischformen:
Sand und Ton als Lehm,
Ton und Kalk als Mergel,
Sand, Kalk und Ton als Löß.

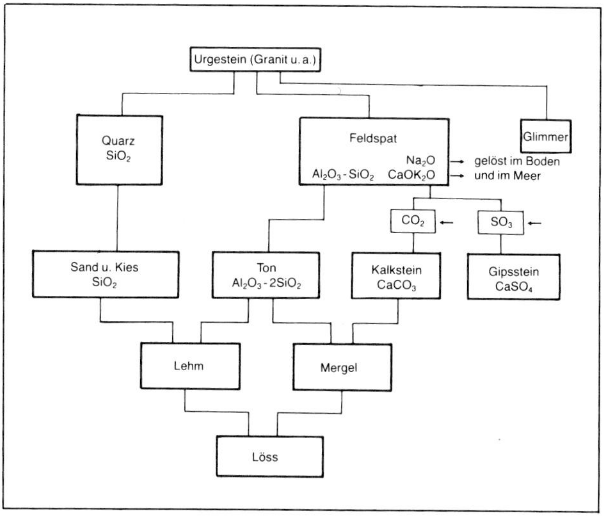

Zeichnung nach K. Krenkler

Magere und fette Lehme

Die vielfältig vermischten, feinteiligen Verwitterungsprodukte werden als Böden bezeichnet.
Nach ihren Hauptbestandteilen werden sie als Tonböden, Lehmböden (Ton und Sand), Mergel (Ton und Kalk) und Löß (Feinsand, Kalk und Ton) unterschieden.
Als Baustoff interessieren hier nur die Lehmböden. Kaum ein Lehm gleicht dem anderen – zu unterschiedlich sind die Ton- und Sandanteile, zu unterschiedlich die Größe der Sandkörner und die Tonarten, aus denen sie sich zusammensetzen. Enthält der Lehm viel Sand, wird er als »mager« bezeichnet, ist der Tonanteil besonders hoch, gilt der Lehm als »fett«. Nach der Größe der Sandkörner unterscheidet man steinige, grob- oder feinsandige und schluff-sandige Lehme. Hierbei ist »Schluff«, auch Staub- oder Mehlsand genannt, das Gesteinsmehl der unzersetzten Mineralien.

Lehmfärbung

In der Erde enthaltene Mineralien, Säuren und Salze beeinflussen den Nährstoffgehalt der Böden und geben ihnen ihre typische Färbung. Lehmböden weisen die gesamte Skala der Erdfarben auf, von Hellbeige, Gelb, Ocker und Hellbraun, von Dunkelbraun bis Rot.
Kalk- und magnesiumhaltige Böden, reine Tone und Quarzsande sind hell bis weiß. Mangan färbt den Boden schokoladenbraun, Chlorit gibt ihm eine grünliche Fär-

Mit der Schlämmanalyse (vgl. S. 38) werden die Prozentanteile von Ton, Schluff und Sand, gemessen an der Korngröße (Durchmesser der Einzelkörnchen), bestimmt. Die obere Kurve zeigt z. B. einen sandig-tonigen Ton mit 34 % Ton- und 46 % Schluffanteil, die untere einen sandigen Sand mit nur 4 % Ton- und 27 % Schluffanteil.

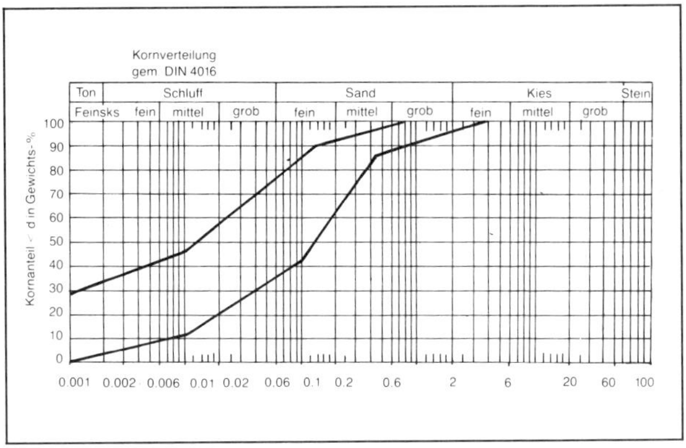

bung. Die fast immer enthaltenen Eisenverbindungen färben den Boden rötlich, gelb- oder bräunlich, organische Beimengungen führen zu dunklen bis grau-schwärzlichen Verfärbungen.
In den meisten Lehmböden sind mehrere färbende Beimengungen enthalten. Einige davon setzen die Wasseraufnahmefähigkeit des Lehms herab, bis auf Kalk haben die Beimengungen jedoch keinen weiteren Einfluß auf die bautechnischen Eigenschaften.

Vorsicht bei hohem Kalkanteil

Aus der Landwirtschaft ist bekannt, daß ein schwerer, d. h. lehmiger oder toniger Boden durch Kalken krümeliger, also bearbeitungsfähiger gemacht werden kann. Kalk setzt nicht nur die Wasseraufnahmefähigkeit des Lehms herab, sondern schwächt auch die Kohäsionskräfte zwischen den einzelnen Tonkristallen (Kalk koaguliert oder »flockt aus«). Im plastischen, erdfeuchten Zustand fällt dies nicht auf, erst beim getrockneten Lehm zeigt sich die fehlende Bindigkeit; kalkhaltiger Lehm verhält sich wie zu magerer Lehm.

Bindemittel und Mineralgerüst

Bautechnisch gesehen ist Lehm ein Mörtel, wobei Ton das Bindemittel und Sand das Mineralgerüst darstellen. Nur die tonigen Anteile sind die bautechnisch wirksamen, »bindigen« Bestandteile des Lehms. Sandkörner und Gesteinsmehl haben keine bautechnisch wirksame Bindekraft. Sie sind nur Füllstoffe oder Verdünner, sind aber für die Stabilität des Baustoffs Lehm ebenso wichtig wie der Ton. Denn mit reinem Ton kann man ebensowenig bauen wie mit reinem Kalk oder Zement.

Tonteilchen und ihre Molekularkräfte

Die einzelnen Teilchen des Tons sind kleiner als zwei Tausendstel Millimeter. Nur unter dem Elektronenmikroskop erkennt man sie als hauchdünne, blättrig-schuppenförmige Kristalle. Sie haben die Tendenz, sich gegenseitig anzuziehen (Kohäsionskraft) und andere Stoffe an sich zu binden (Adhäsionskraft).
Besonders stark ist die Wasseraufnahmefähigkeit (Wasseraffinität). Da die Tonkristalle sehr klein sind, ist die Summe ihrer Oberflächen besonders groß und damit auch die Summe der Oberflächenkräfte, die das Wasser anziehen.

> Ein einfaches Beispiel mag dies verdeutlichen: Ein Würfel mit einer Kantenlänge von 1 cm hat eine Oberfläche von 6 cm² (6 Seiten à 1 cm²). Dieser Würfel kann in 1000 Würfel mit einer Kantenlänge von 1 mm zerschnitten werden (10 x 10 x 10). Die Summe der Oberflächen beträgt jetzt 1000 x 6 mm² = 600 cm², d. h. ist 100mal so groß. Ein Tonteilchen ist aber noch 500mal kleiner! Die Summe der Oberflächen der Tonteilchen, die in den 1 cm³ großen Würfel passen, ist 3000 m², d. h. so groß wie 5 normale Baugrundstücke.

Wasser, wenn es mit Ton vermengt wird, dringt (infolge der Adhäsions- und Kapillarkräfte) in die feinen Hohlräume und zwischen die einzelnen Kristallplättchen des Tons ein, von deren Oberflächenkräften es dann festgehalten wird. Die sich mit einer Wasserhülle umgebenden Tonteilchen lassen das Kristallgefüge aufquellen, in ruhendem Zustand ist der Ton nun wasserdicht. Der Wasserfilm (das Adhäsionswasser) verringert aber die Kohäsionskräfte, die zwischen den Tonteilchen wirken. Beim Reiben und Kneten gleiten die Teilchen jetzt sehr leicht aneinander vorbei, der Ton wird plastisch und formbar.

Schwundrisse

Es gibt eine Vielzahl von Tonarten, die sich in ihrer chemischen Zusammensetzung, vor allem aber in ihrer Wasseraufnahmefähigkeit unterscheiden. Am wenigsten Wasser nimmt Kaolinit auf. Montmorillonit dagegen kann siebenmal so viel Wasser tragen und bis auf das sechzehnfache seines Volumens aufquellen. Beim Trocknen schwinden die gequollenen Tonkörper wieder. Sie werden aber nicht gleichmäßig kleiner, sondern es entstehen erhebliche Schwundrisse. Die Risse sind um so größer, je mehr Wasser der Ton aufgenommen hatte, d. h. Kaolinit hat die kleinsten, Montmorillonit die größten Schwundrisse.

Mineralische Zuschlagstoffe

Schluffmehl, Sand und Kies haben keine eigene Bindekraft. Wie in Beton, in Zement- oder Kalkmörtel sind sie auch im Lehm ausschließlich Füllstoff oder Mineralgerüst.

Die Risse, die beim Schwinden des gequollenen Tons entstehen, setzen die Stabilität, die Druck- und Zugfestigkeit des Baustoffes herab.

Wird dem Ton die gleiche Menge Sand zugeführt, so bleibt die Summe der Schwundrisse, bei verdoppeltem Volumen, gleich.
Je besser der Sand untergemischt ist, desto gleichmäßiger werden die Risse zwischen den Tonteilchen im ganzen Baukörper verteilt; diese stabilisierende Eigenschaft des Sandes kommt im Wort *Mineralgerüst* sehr gut zum Ausdruck. Da die schluffigen und sandigen Bestandteile selbst nicht schwinden (keinen Wasserfilm um sich herum aufbauen) ist dort, wo sie sich befinden, eine Rißbildung nicht möglich. Die Bindigkeit bleibt so lange erhalten, wie der Ton durch seine Adhäsionskräfte diese Stoffe fest umklammert. Guter Baulehm muß darum beides, Ton und Sand im richtigen Mischungsverhältnis enthalten.

1 2 3

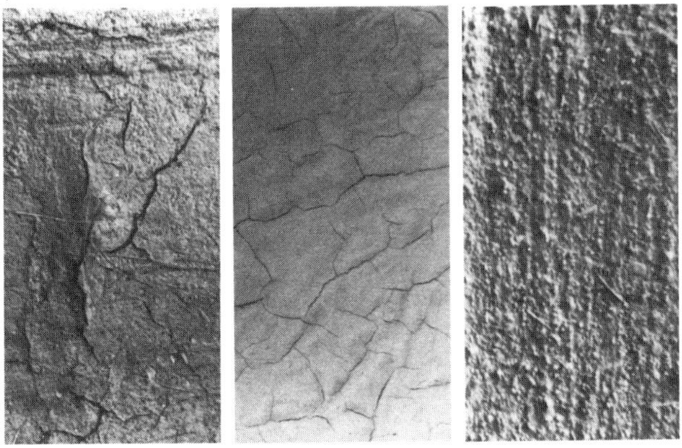

Verteilung der Schwundrisse
Reiner Ton: breite tiefe Schwundrisse (1);
Ton mit schluffigem/feinkörnigem Sand: mehr Schwundrisse, nicht ganz so tief und breit (2);
Ton mit Sand in ausgewogener Kornverteilung: kaum mehr sichtbare, sehr kleine Schwundrisse (3).

Korngrößenverteilung

Je grober die Korngröße des Sandes ist, desto steifer und scherfester ist der Baukörper im getrockneten Zustand. Dies ist bei Beton nicht anders als bei Lehm und hat im wesentlichen zwei Gründe:

1. Ein einzelnes großes Mineralkorn ist in sich stabiler als eine große Menge kleiner Mineralkörner, die mit dem Bindemittel verklebt werden müssen.

2. Größere Körner haben bei gleichem Volumen eine wesentlich geringere Oberfläche als viele kleine zusammengenommen (vgl. Würfelbeispiel, S. 23), das bedeutet, je feiner die sandigen Bestandteile im Lehm sind, desto mehr bindigen Tons bedarf es, um sie zu binden.

Ausgeglichene Kornverteilung verringert Schwundrisse

Andererseits bilden sich zwischen groben Körnern Hohlräume, die, mischte man dem Ton nur Grobsand bei, mit Ton gefüllt und so mit besonders vielen Schwundrissen durchzogen würden. Guter Baulehm muß daher eine ausgeglichene Kornverteilung des Sandes aufweisen.

Lagerstätten

Für den Lehmbau wurde eine grobe Unterscheidung der zum Bauen in Frage kommenden Böden nach Lagerstätten vorgenommen. Diese gibt Aufschluß über die möglichen Fundorte im Gelände und eine Vorstellung davon, wie die verschiedenen Lehme zum Bauen eingesetzt werden können.

Berg- oder Gehängelehme

Berglehme oder Gehängelehme lagert auf den Gesteinen, aus denen er entstanden ist oder an den Hängen unmittelbar darunter. Das Mineralgerüst besteht vorwiegend aus scharfkantigen Gesteinstrümmern verschiedener Korngrößen. Es ist ein sehr guter Baulehm, der für Putz allerdings gesiebt werden muß, wenn Gesteinsstückchen von mehr als 5 mm Durchmesser enthalten sind.

Geschiebelehme

Geschiebelehme sind im Flachland weit verbreitete Ablagerungen aus den Eiszeiten. Das Mineralgerüst besteht aus ungeschliffenen bis rundlichen Körnungen. Geschiebelehme waren ursprünglich meist kalkhaltig, sind aber im Laufe der Zeit durch Auslaugungen bis zu mehr oder weniger großen Tiefen entkalkt.

Schwämmlehme

Schwämmlehme sind durch Wasser aus den ursprünglichen Lagerstätten abgeschwämmte Geschiebelehme.

Durch die Umlagerung erfolgte meist eine natürliche Aufbereitung und eine ausreichende Entkalkung. Schwämmlehme sind deshalb meist sehr gute Baulehme.

Bänderlehme und -tone

Bänderlehme (oder Bändertone) sind in dünnen Schichten abgelagerte Lehme ehemaliger flacher Wasserbecken. Im Anschnitt erscheinen die Schichten als Streifen (oder Bänder). Da die einzelnen Schichten meist sehr unterschiedliche Tonanteile aufweisen, müssen sie vor der Verarbeitung gut durchgemischt werden.

Schlick-, Schluff- oder Auelehme

Schlick-, Schluff- oder Auelehme sind die jüngsten Ablagerungen der großen Flußtäler. Zum größten Teil bestehen sie aus einem Gemisch älterer Lehme, welches durch Wasser gelöst, verfrachtet und in ruhigem Wasser abgesetzt worden ist. Diese Lehme sind vielfach mit organischen Stoffen vermischt, und dadurch meist dunkel gefärbt. Ist der Humusanteil gering, so sind diese Lehme, wie auch die Schlicklehme der Meeresküsten, gute Baulehme.

Lößlehme

Lößlehme sind aus Löß durch Auslaugung des Kalks entstanden. Löß ist ein kalk- und tonhaltiger gelber Sand in Schluffkorngröße, der durch die Stürme der letzten Eiszeit zu seinen Lagerstätten getragen worden ist. Wegen seines feinkörnigen Mineralgerüstes sind meist größere Mengen Zuschlagstoffe erforderlich. Lößlehm hat andererseits häufig auch ohne Magerung einen zu geringen Tongehalt für Bauzwecke.

Mergel

Mergel (auch Tonmergel oder Kalkmergel) bezeichnet einen sehr kalkreichen Geschiebelehm. Der Kalkgehalt ist häufig so groß, daß er die Bindigkeit des Tones aufhebt.

Tertiär- und Keupertone

Tertiär-Tone sind fast reine Tone oder sehr tonige Lehme, die aus der Zeit vor den Eiszeiten stammen. Sie sind die Rohstoffe für hochwertige keramische Produkte.
Als Letten bezeichnet man in einigen Gegenden noch ältere Tone, besonders die schiefrigen Keupertone. Beide lassen sich im Lehmbau nur schwer verarbeiten, da ihre Verwendung eine starke Magerung erfordert, die praktisch nur mit Maschinen erfolgen kann, wie sie in einer Ziegelei vorhanden sind.

4 Fundorte und Prüfverfahren

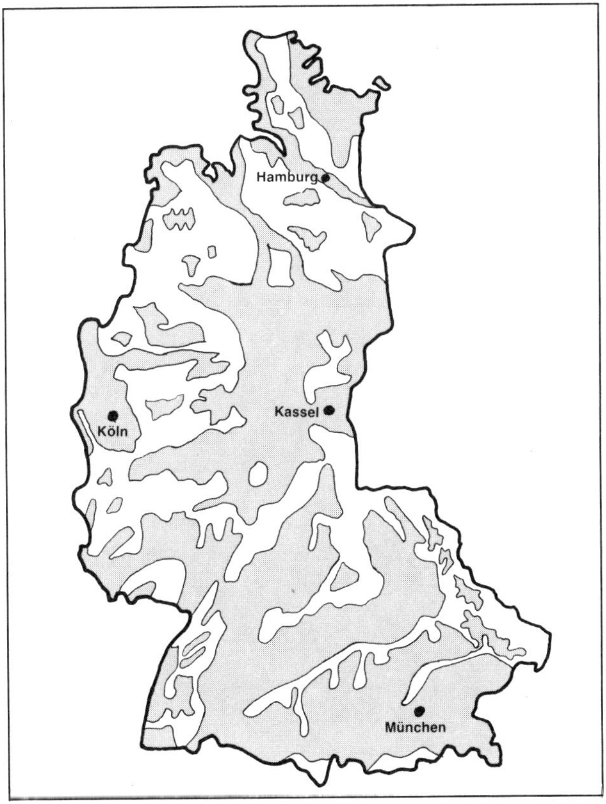

Lehmvorkommen

Die Bundesrepublik Deutschland ist reich an Lehmvorkommen. Lediglich am Mittelrhein, in den Mittelgebirgen, am Alpenrand (wo die Bodenschichten nicht so mächtig sind) und in sandreichen Heidegebieten ist der Lehm seltener zu finden.

Wie die Karte zeigt, ist kein Ort weiter als 80 km von lehmreichem Gebiet entfernt. Weil die Bodenarten auf engstem Raum wechseln können, lassen sich auch in lehmarmen Gebieten für den Bau geeignete Lehme finden.

Zeichnung nach Keppler, Lemcke

Lehmanzeigende Pflanzen

Lungenkraut (Pulmonaria L.),
15 bis 30 cm hoch,
blüht rot-violett im März und April

Sternmiere (Stellaria L.),
30 bis 60 cm hoch,
blüht weiß im Juni und Juli

(Acker)-Hahnenfuß (Ranunculus L.)
30 bis 90 cm hoch,
blüht gelb von Mai bis August

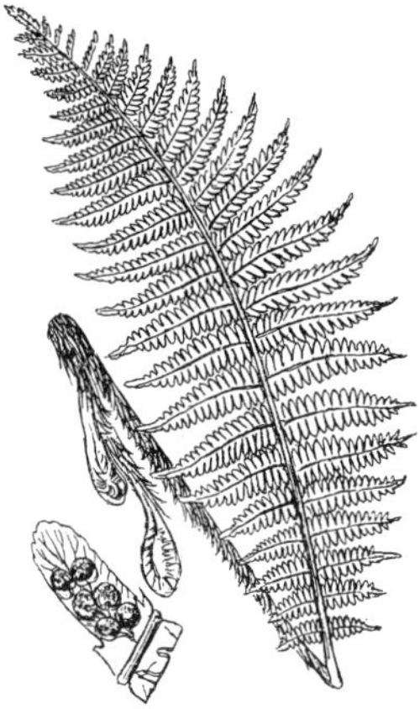

Wurmfarn (Aspidium Filix),
auch Schildfarn genannt,
60 bis 90 cm hoch,
einer der häufigsten Farne

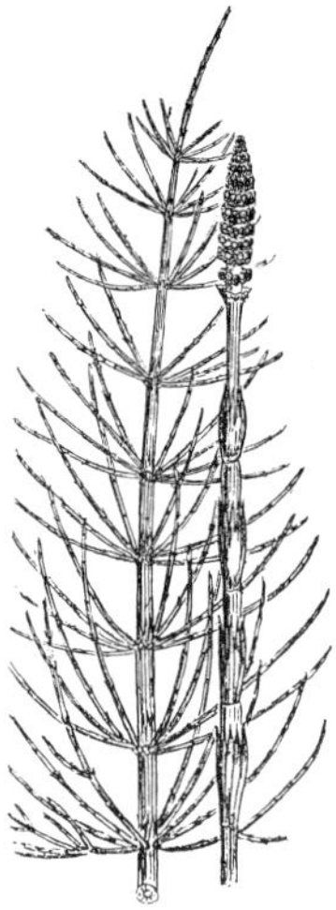

Acker-Schachtelhalm (Equisetum L.),
auch Scheuerkraut oder Katzenwedel
genannt, 30 bis 60 cm hoch

Leberblümchen (Hepatica nobilis),
5 bis 15 cm hoch, blüht blau,
seltener rosa oder weiß
im März und April, Blätter
unterseits oft rotbraun oder violett

Bezugsmöglichkeiten

Geeigneten Baulehm zu bekommen, stellt ein wesentlich geringeres Problem dar, als gemeinhin angenommen wird. Natürlich sollte man sich zuerst in der näheren Umgebung umsehen. Es wäre aber sparen an der falschen Stelle, wenn man den »erstbesten« Lehm nähme, ohne ihn mit anderen verglichen zu haben. Ein besserer Lehm, der dazu problemlos abgebaut werden kann, spart Zeit und Energie, auch wenn man dafür einen etwas längeren Transportweg in Kauf nehmen muß.

Lehmgrube

Am einfachsten ist es natürlich, wenn man die alte Lehmgrube eines Dorfes findet. Ortsbezeichnungen wie »Lehmweg« oder »in der Leime« können Hinweise geben. Selbst wenn sie zugeschüttet sind, kann man sicher sein, daß dort und in der Nähe guter Lehm zu finden ist. In den meisten Gegenden ist es kein Problem, die Genehmigung für den Abbau (vergleichsweise geringer Mengen) vom Eigentümer zu erhalten.

Lehmanzeigende Pflanzen

Wenn man bei einem Spaziergang eine oder mehrere der sechs hier abgebildeten Pflanzen entdeckt, so hat man mit großer Wahrscheinlichkeit eine Lehm- oder Tonlagerstätte gefunden, denn diese Pflanzen gedeihen vor allem auf Lehm- und Tonböden.

Wenn Sie an einem solchen Fundort graben oder sogar Lehm abbauen wollen, so schützen Sie bitte die Pflanzen, vor allem Lungenkraut, Sternmiere und Schachtelhalm. Sie gehören nämlich zu den besonders gefährdeten Pflanzen in unserer Landschaft.

Baugrubenaushub

Lehm kann auch beim Baugrubenaushub in Neubaugebieten, beim Klärgrubeneinbau, bei Kanal- oder Straßenbauarbeiten anfallen. Das Material ist meist sehr preiswert zu erwerben, da es ohnehin abgefahren werden muß, oft dazu auf weit entfernt liegende, kostenpflichtige Deponien.

Lehm aus der Ziegelei

Ziegeleien liefern jede benötigte Menge. Ihr Lehm bzw. Ton ist in der Regel jedoch so fett, daß die Magerung an der Baustelle mühsam und unrentabel wäre. Einige Ziegeleien sind bereit, ihren Lehm nicht nur aufzubereiten, sondern auch in der gewünschten Konsistenz zu magern. Andere Ziegeleien mit eigener Grube geben auch Abraum ab, d. h., Lehm, der über ihrem Rohstoff liegt und für die Produkte der Ziegelei zu mager ist, trotzdem aber ein hervorragender Baulehm sein kann. Früher wurde dieser Lehm häufig zum Ausschmieren der Ziegeleiöfen verwendet, mancherorts ist dies heute noch üblich.

Wiederverwendung von altem Baulehm

Bei Instandsetzungsarbeiten ist der beste Baulehm (zumindest in kleineren Mengen) direkt an der Baustelle vorhanden.
Von den nicht zu erhaltenden alten Gefachen und Deckenfüllungen werden etwa vorhandene Kalk- und Zementputzteile herausgelesen und Holzstaken und Geflecht entfernt.

Prüfverfahren

Kaum ein Lehmvorkommen gleicht dem anderen. Um festzustellen, mit was für einem Lehm man es zu tun hat, ob er sich überhaupt zum Bauen eignet und wenn ja, wie er weiterbehandelt werden muß, stehen eine Reihe von Prüfverfahren zur Verfügung. Einige davon kann jeder selbst durchführen, andere erfordern mehr oder weniger aufwendige Meßinstrumente.

Prüfung im Gelände

Die Fingerprobe (s. S. 31) eignet sich hervorragend für die erste Prüfung im Gelände. Ergibt sich hierbei, daß es sich um einen möglicherweise brauchbaren Lehm handelt, sollten einige Versuche folgen.

Laboruntersuchungen

Sind die Versuche (s. S. 41) im Ergebnis positiv, kann man, um ganz sicher zu gehen, genauere Analysen in Auftrag geben. Einige Ingenieurbüros ergänzen ihre Prüfergebnisse mit exakten Rezepturen für Putz- und Gefachausfüllungen.

Wenn Sie experimentierfreudig sind oder wenn nur kleinere Reparaturen durchzuführen sind, können Sie auch ohne genaue wissenschaftliche Analyse mit dem Lehmbau beginnen. Einige schnell durchgeführte Haftproben zeigen, mit welchen Zuschlagstoffen der zur Verfügung stehende Lehm versehen werden muß.

Fingerprobe

Lehmproben müssen humusfrei sein, d. h. mindestens aus 50 cm Tiefe entnommen werden. In Schichten abgelagerter Lehm kann sehr unterschiedlich in seiner Beschaffenheit sein. Darum bei größeren, offen liegenden Lehmlagerstätten die Proben an mehreren Stellen (ca. 5 m Abstand) und verschiedenen Tiefen (50 cm, 1 m, 1,50 m) entnehmen.

Körnigkeit

Mit dem bloßen Auge sichtbare und zwischen Daumen und Zeigefinger fühlbare Einzelkörner sind Sandkörner. Schluffkörner könnte man nur mit der Zunge an den Zähnen fühlen. Ton fühlt sich glitschig und kalt an.

Bindigkeit – Formbarkeit

Bindig ist eine Bodenprobe dann, wenn sich eine ca. 3 cm starke Rolle formen läßt, die ohne abzureißen in einer Länge von 15 bis 20 cm frei hängt.

Bodenbestimmung durch Fingerprobe im Gelände
Verteilung der Bestandteile in Gewichtsprozenten, Brauchbarkeit als Baulehm

Bodenart	Bindigkeit, Formbarkeit,	Körnigkeit	Gewichtsanteil in % Ton	Schluff	Sand
			Eignung		
Sand	nicht bindig, haftet nicht am Finger, nicht formbar	Einzelkörner gut sicht- und fühlbar, rauh	0–5	0–10	85–100
			kein Baulehm		
schluffiger Sand	nicht bindig, mehlig stumpf, etwas Feinsubstanz in Fingerrillen, nicht formbar	Einzelkörner gut sicht- und fühlbar, daneben etwas Feinsubstanz	0–8	10–50	42–90
			kein Baulehm		
lehmiger Sand	etwas bindig, schwach schmierig, Feinsubstanz haftet am Finger, schlecht formbar, reißt, bricht bei Verformung	Einzelkörner gut sicht- und fühlbar, Feinsubstanz deutlich	5–17	5–50	35–90
			als Baulehm bedingt geeignet		
toniger bis stark toniger Sand	schwach bindig bis bindig, (zäh-)plastisch, schlecht bis mittel formbar	Einzelkörner gut sicht- und fühlbar	5–25	0–15	60–95
			als Baulehm bedingt geeignet		
Schluff	nicht bindig, haftet deutlich in Fingerrillen, nicht oder schlecht formbar	samtartig-mehlig, Einzelkörner nicht oder kaum sicht- und fühlbar	0–8	80–100	0–20
			kein Baulehm		
sandiger Schluff	nicht bindig, haftet deutlich in Fingerrillen, nicht oder schlecht formbar	samtartig-mehlig, Einzelkörner sicht- und fühlbar	0–8	50–80	12–50
			kein Baulehm		

Bodenart	Bindigkeit, Formbarkeit,	Körnigkeit	Gewichtsanteil in % Ton	Schluff	Sand
			Eignung		
lehmiger Schluff	schwach bis mittelbindig, schlecht bis mittel formbar ± stumpfe Reibflächen, schwach klebrig, haftet deutlich in Fingerrillen	Einzelkörner nicht oder nur schwach sicht- und fühlbar, viel Feinsubstanz, mehlig	8–17	50–92	0–42
			als Baulehm bedingt geeignet		
sandiger Lehm	schwach bis mittelbindig, klebrig, formbar, etwa bleistiftdick ausrollbar – dann rissig	Sandkörner gut sicht- und fühlbar, viel Feinsubstanz	15–25	15–50	25–68
			als Baulehm geeignet		
schluffiger Lehm	bindig, klebrig, formbar, wird beim Ausrollen rissig	Einzelkörner nicht oder nur schwach sicht- und fühlbar, viel Feinsubstanz etwas mehlig	17–30	50–83	0–33
			als Baulehm geeignet		
toniger Lehm	bindig, zähplastisch, klebrig, gut form- und ausrollbar, schwach glänzende Reibflächen	meist nur wenige oder keine Sandkörner sicht- und fühlbar, sehr viel Feinsubstanz	22–45	18–75	0–57
			als Baulehm gut geeignet		
sandiger Ton	bindig, zähplastisch klebrig, gut form- und ausrollbar schwach glänzende Reibflächen	wenige Sandkörner sicht- und fühlbar, sehr viel Feinsubstanz	25–65	0–18	17–75
			als Baulehm gut geeignet		
lehmiger Ton	wie sandiger Ton aber etwas stumpfer (mehr samtartig-mehlig)	Sandkörner nicht oder kaum sicht- und fühlbar, sehr viel Feinsubstanz	45–65	18–55	0–25
			als Baulehm geeignet		
Ton	bindig, stark zähplastisch, klebrig sehr gut form- und ausrollbar glänzende Reibflächen	keine Sandkörner fühlbar	65–100	0–35	0–35
			kein Baulehm		

Plastizität

Plastisch ist eine Bodenprobe, wenn die (vorher genannte) Rolle eine Verformung in der Waagerechten – ohne abzureißen oder sich herunterzubiegen – über zwei bis drei Minuten hält.

Reibeprobe

Je stärker die Oberfläche glänzt, wenn man mit dem Fingernagel über einen in den Handteller gedrückten Lehmklumpen reibt, desto höher ist der Tonanteil.

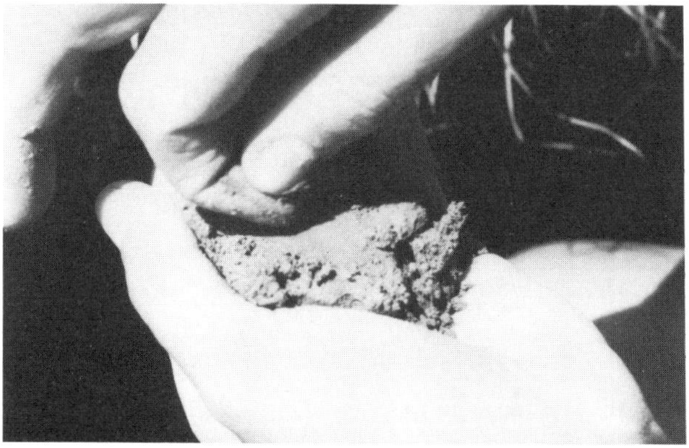

Ergebnisse der Fingerprobe unbedingt mit dem Fundort in Stichworten festhalten! Von Böden, die bei der Prüfung im Gelände als Baulehm geeignet erscheinen, ca. 10 l für weitere Tests entnehmen. Probeneimer sorgfältig beschriften.

Die 1576 als Zehntscheune errichtete Wetterburg (Kreis Waldeck-Frankenberg) mit 300 Jahre alten Strohlehmausfachungen im Obergeschoß.

Während der Putz nach Sanierungsarbeiten am Holztragegerüst immer erneuert werden sollte, können die Lehmausfachungen in der Regel erhalten bleiben. Für die erforderlichen Stützen reichen relativ kleine Löcher in den Gefachecken, die beim Verputz problemlos geschlossen werden können.

Baulehm – ja oder nein?

Das Ergebnis der Fingerprobe kann man (siehe Tabelle S. 32) einer bestimmten Bodenart zuordnen. Die Fingerprobe ist keine exakte Analyse, die Aussagen über die jeweiligen Ton-, Schluff- und Sandanteile sind darum recht vage. Sie ermöglichen es aber, zum Bauen geeignete Lehme von nicht brauchbaren Böden zu unterscheiden.

Zwar kann man theoretisch jeden Lehmboden, der nicht zu kalkhaltig ist, zum Bauen verwenden (Böden mit zu hohem Tonanteil können gemagert werden, bei Böden mit zu geringem Tonanteil kann der Ton abgeschlämmt werden (s. S. 43). Die Grenzen liegen im Arbeitsaufwand: Liegt der Tonanteil über 65%, so kann die Magerung nicht mehr an der Baustelle erfolgen. Die Aufbereitung wird genauso unrentabel wie das Abschlämmen des Tons, wenn ein Lehm weniger als 5% bindige Bestandteile enthält.

Gut geeignet sind fette Lehme mit hohem Tonanteil. Da sie stark gemagert werden müssen, kann man die Kornverteilung des Sandes gut steuern. Ein eventuell zu hoher Kalkanteil wird durch Magern auf ein vertretbares Maß reduziert.

Geeignet sind alle sandigen und schluffigen Lehme mit ausreichend hohem Tonanteil.

Bedingt geeignet sind Lehme mit hohem Schluffanteil und einem Tonanteil unter 15%. Sind hier die grobsandigen Bestandteile zu gering, so reicht die Bindigkeit zum Magern u.U. nicht aus. Ihre Eignung als Baulehm muß darum genauer untersucht werden.

Salzsäureprobe

Der Kalkanteil, der die Bindigkeit des Tons herabsetzt und nicht über 2 bis 3% liegen sollte, wird mit der Salzsäureprobe festgestellt. Einige Tropfen verdünnter Salzsäure auf die Lehmprobe träufeln: deutliches, länger andauerndes Aufschäumen zeigt mehr als 5% Kalk an.

Prüfung des Kalkgehalts

Die Fingerprobe sagt nichts über den Kalkgehalt eines Bodens aus. Ein hier als »geeignet« oder »bedingt geeignet« eingestufter Lehm muß darum zusätzlich immer auf seinen Kalkgehalt hin untersucht werden.
Die durch den Kalk herabgesetzte Bindigkeit des Lehmes zeigt sich nur in getrocknetem Zustand. Prozentgenaue Analysen liefert zwar das Ingenieurbüro, sie sind aber nicht notwendig, da Lehme, deren Kalkgehalt zu hoch ist, durch die Bindigkeitsprüfungen (die hier beschriebenen Kugel- und Haftproben) mit den zu mageren Lehmen als nicht zum Bauen geeignet eingestuft werden.

Korngrößenbestimmung

Die exakte Korngrößenanalyse, die Ton, Schluff und Sand noch einmal in fein, mittel und grob aufteilt und ihre jeweiligen Prozentanteile genau bestimmt, wird von Ingenieurbüros für Bodenuntersuchungen durchgeführt. Das Verfahren erfordert exakte Meßinstrumente.
Die Sandanteile werden durch verschieden große Siebe herausgefiltert. Dies geschieht naß, damit die nicht mehr siebbaren Feinanteile (Ton und Schluff) ausgewaschen werden. Die Feinbestandteile werden dann mit der sog. Schlämmanalyse gemessen. Hierbei wird die Sinkgeschwindigkeit und die Absetzhöhe in Wasser beobachtet und nach einer relativ komplizierten Formel berechnet. Das Ergebnis wird in einer Summenkurve dargestellt.

Schüttelprobe
Dies ist eine einfache Methode zur Bestimmung von Ton-, Sand- und Schluffanteil. Ein Schraubglas zu einem Drittel mit Lehm füllen. Dann mit Wasser auffüllen und kräftig schütteln. Die Sandanteile setzen sich sehr schnell am Boden ab. Ton und Schluff brauchen bis zu acht Tagen, bis sie sich abgesetzt haben und klares Wasser als dritte Schicht stehen bleibt. Der Tonanteil bildet eine eigene Schicht und läßt sich gut erkennen.

»Ideallehm«

Boden mit der hier dargestellten Korngrößenverteilung ist zum Bauen ideal. Es ist sandiger Lehm mit einem Anteil von 10 % Ton, 30 % Schluff und einem (gleichmäßig von 0,06 bis 2,00 mm verteilten) Sandanteil von 60 %.

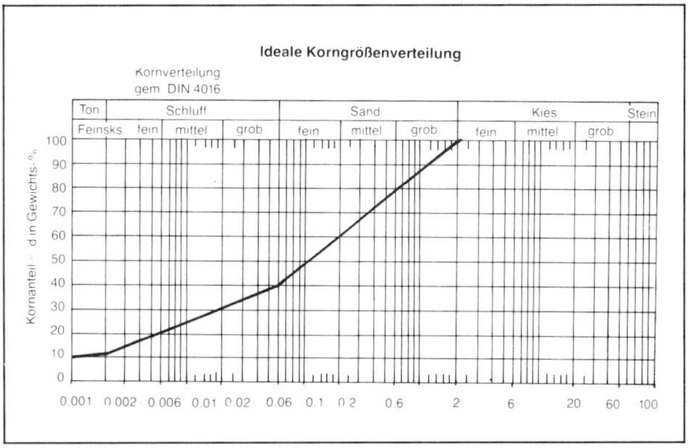

Orientierungspunkt

In der Idealform wird man Lehm nur an wenigen Abbauorten finden. Meist liegt der Ton- und besonders der Schluffanteil wesentlich höher, während vor allem die Grobsandanteile fehlen dürften.
Ist die Korngrößenverteilung des zur Verfügung stehenden Lehms bekannt, so zeigt der Vergleich mit dem »Ideallehm«, wie er gemagert werden muß, um für Ausfachungsarbeiten geeignet zu sein (für Putzarbeiten muß zusätzlich gemagert werden). Trotzdem Haftprobe durchführen, weil unterschiedliche Tone verschieden stark schwinden (s. S. 23) und damit mehr oder weniger stark gemagert werden müssen.

Volumen und Gewichtsprozente

Beim Bauen geht man vom Volumen aus. Mischung 1:1 heißt: Ein Eimer Sand auf einen Eimer Lehm. Die Korngrößenverteilung wird (außer bei der Schüttelprobe) in Gewichtsprozenten gerechnet. Da der (dichtere) Ton schwerer ist als lockerer, grober Sand, gilt beim Magern: »Es darf auch etwas mehr (Sand) sein.«

Bindigkeitsprüfung

Genaue Bindigkeitsuntersuchungen, wie sie die DIN 18952 für den Massivlehmbau bestimmte, sind im Fachwerkbau nicht erforderlich.
Die Haftprobe ist der wichtigste Test für die praktische Arbeit. Wie alle Bindigkeitsprüfungen zeigt sie, ob der Lehm ausreichend gemagert ist. Da die meisten Lehme für Bauzwecke zu wenig Sand enthalten, muß die Haftprobe mehrfach (d. h. bis das richtige Lehm-Sand-Gemisch gefunden ist) durchgeführt werden.

Bindigkeitsprüfung

Kugelprobe

Sie ist zusammen mit dem Abriebtest eine zusätzliche Möglichkeit Gefühl für den Baustoff Lehm zu entwickeln. Kugeln von 5 cm Durchmesser aus gut durchgearbeitetem, erdfeuchtem Lehm ca. acht Tage trocknen lassen oder einen Tag vortrocknen und einige Stunden im Backofen bei 60 °C trocknen.

Trockene Kugeln aus gleicher Höhe auf Steinboden fallen lassen. Zerfällt die Kugel in krümelige, sandige Bestandteile, so ist der Lehm zu mager oder zu kalkhaltig.

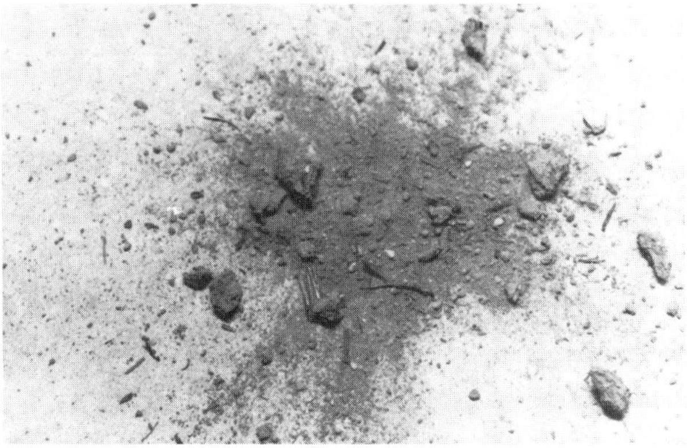

Kugeln aus gutem Baulehm zerspringen in mehrere Teile. Kugeln aus sehr bindigen Materialien (= sehr fette Lehme) zerspringen nicht.
Anhaltspunkte inwieweit sie gemagert werden müssen, gibt der Abriebtest.

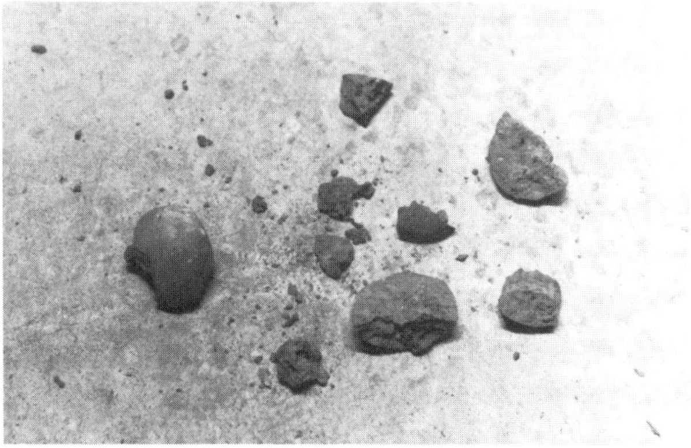

Abriebtest

Guter Baulehm ist ausreichend gemagert, wenn sich von den Kugelteilen mit dem Daumen unter Druck Körner abreiben lassen. Ist ein Abreiben des Materials nicht möglich, muß der Lehm stark gemagert werden.

Haftprobe

Auf trockene, gebrannte Ziegelsteine wird eine 2 cm starke Schicht Lehm aufgezogen. Geeigneter, bereits ausreichend gemagerter Baulehm muß mindestens 48 Stunden (bei hoher Luftfeuchtigkeit einen Tag länger) auf dem hochkant gestellten Ziegel haften bleiben (Proben 2 und 3).

Ergebnis der Haftprobe

Fällt der Lehm in sich zusammen oder liegt als Haufen vor dem Probestein (Probe 4), so ist er zu mager oder zu kalkhaltig und zu Lehmbauarbeiten nicht geeignet. Löst sich der Lehm plattenförmig vom Stein (Probe 1), so muß er stark gemagert werden. Der in diesem Fall erforderliche Sandzusatz muß durch erneute Haftproben ermittelt werden.

Putzlehm

Hat die Haftprobe ergeben, daß der Lehm sich innerhalb von 48 Stunden nicht löst und ohne Schwundrisse trocknet, so kann er ohne zusätzliche Sandbeimischungen zum Verputzen verwendet werden (Probe 3).

Gefachlehm

Schwundrisse und Ablösungen an den Kanten (Probe 2) zeigen an, daß der Lehm noch gemagert werden muß. Er ist als Gefachlehm, bei dem die Magerung durch Faserstoffe erfolgt, ohne zusätzliche Sandbeimischungen zu verwenden.

Sorgfältig aufbereitet und richtig angemischt kann Lehm sogar für Stuckarbeiten verwendet werden. – Lehm-Stuckdecke 1631 – Marburg a. d. Lahn, Mainzer Gasse 31.

5

Aufbereiten und Anmischen

Das Wichtigste beim Bauen mit Lehm sind die vorbereitenden Arbeiten, neben dem Auswählen des bestgeeigneten Lehms, das Aufbereiten und das Anmischen; kurzum alles, was erforderlich ist, um aus Lehmboden und Zuschlagstoffen ein verarbeitungsfähiges Baumaterial zu machen.
Je besser der Lehm aufbereitet ist, desto leichter und einfacher läßt er sich verarbeiten und desto haltbarer sind die fertigen Lehmbauteile. Letztendlich entscheidet die Aufbereitung aber auch über die Wirtschaftlichkeit des Lehmbaus. Aufbereiten und Anmischen sind die zeitaufwendigsten und kraftzehrendsten Arbeiten. Nur für kleine Mengen (oder als reine Hobbytätigkeit, wenn Zeit keine Rolle spielt) kann man so anmischen, wie es vor ein- oder zweihundert Jahren gemacht wurde.
Je nach Verwendungszweck wird der Lehm mit unterschiedlichen Zuschlagstoffen versehen. Genaue Rezepte sind bei diesem Naturbaustoff kaum zu ermitteln. Die angegebenen Größenverhältnisse gelten für gut durchgearbeiteten Lehm, der in der Korngrößenverteilung in etwa unserem Ideallehm entspricht.

Abschlämmen

Aus zu mageren Lehmen kann man Ton bzw. fetten Lehm durch Abschlämmen gewinnen. Es ist ein recht aufwendiges Verfahren, das sich nur dann lohnt, wenn man den Lehm kostenlos an der Baustelle zur Verfügung hat und außerdem nur kleinere Reparaturen durchführen will.
Wie bei der Schüttelprobe gut zu sehen ist (s. S. 38), setzen sich in einer dünnen, gut aufgerührten (geschüttelten) Lehmschlämme die groberen Sandbestandteile schneller

am Boden eines Gefäßes ab, als die feineren Ton- und Schluffanteile. Diese Eigenschaft des Lehmes macht man sich beim Abschlämmen zunutze und nimmt dabei in Kauf, einen sehr fetten Lehm ohne Grobsandanteile zu erhalten:

Einen Eimer etwa zur Hälfte mit dem zu mageren Lehm füllen, mit Wasser auffüllen und kräftig durchrühren. Nach ein bis zwei Stunden haben sich die groberen Sandbestandteile am Boden abgesetzt. Die Tonschlämme in einen zweiten Eimer gießen, wieder Wasser zugeben und über Nacht stehen lassen. Die Schlämme dann in ein Faß gießen. Diesen Vorgang so oft wiederholen, bis das Faß gefüllt ist. Nach einigen Tagen steht klares Wasser über dem Ton und Schluff, das jetzt abgeschöpft werden kann. Der sehr fette Lehm muß mit möglichst trockenem, groben Sand (wieder) gemagert werden.

Magern

Da man je nach Tongehalt von fetten und mageren Lehmen spricht, hat sich für das Verringern des Tongehalts durch Hinzufügen von Sand das Wort »magern« eingebürgert.

Auf ausgeglichene Kornverteilung achten!

Dieses Verfahren ist im Gegensatz zum Abschlämmen unkompliziert und in keiner Weise arbeitsaufwendig. Sand wird in den eingesumpften oder mit Wasser vermischten Lehm eingetreten oder mit Maschinen untergemischt.
Je scharfkantiger die einzelnen Sandkörner sind, um so besser können sie sich miteinander verzahnen. Gebrochener (scharfer) Sand ist als Zuschlagstoff rolligem Sand (rundgeschliffenen Sandkörnern) vorzuziehen. Das immer erforderliche Durcharbeiten des Lehms kann gleichzeitig mit dem Magern erfolgen.

Organische Zuschlagstoffe

Außer mit Sand kann Lehm auch mit Faserstoffen gemagert werden. Faserstoffe sind eine zusätzliche Armierung, die die Zugfestigkeit des Baukörpers erhöhen. Durch ihre Elastizität und Dehnbarkeit in der Faserrichtung können sie haarfeine, bis 2 mm große Risse überbrücken; und zwar nicht nur die beim Trocknen entstehenden Schwundrisse, sondern auch mögliche Spannungsrisse, wie sie üblicherweise im Holzgefüge eines Fachwerkhauses auftreten.

Mit ihrem wesentlich geringeren spezifischen Gewicht erhöhen sie die Wärmeisolierung und senken das Gewicht des Gesamtbaustoffes. Je mehr Faserstoffe zugeführt werden, desto fetter darf der Lehm sein.

Verwendbare Faserstoffe

Als Faserstoffe werden vor allem Stroh, Häcksel und (für Putze) Haare oder Borsten verwendet. Stroh wurde früher auch durch Kaff, Rapsstroh, Schilfrohr, Kartoffelkraut, Tannennadeln und holzige Stoffe wie Baumzweige, Sägespäne und Heidekraut ersetzt.
Heute ist Stroh in der Landwirtschaft keine Mangelware mehr, es ist leicht zu beschaffen und bequem und sauber zu verarbeiten. Aus den verschiedensten Gründen wurde von einzelnen Lehmbaumeistern mal Weizen-, mal Roggen-, mal Gerstenstroh bevorzugt. Wir haben keine nennenswerten Unterschiede festgestellt, benutzen aber, wenn irgend möglich, vorjähriges Stroh.

Kuhdung

Kuhdung ist aus mehreren Gründen ein fast immer verwendeter Zuschlagstoff. Im Kuhdung enthaltene Kaseine erhöhen die Wasserfestigkeit, Ammoniak wirkt als natürliches Pestizid, und kleine, kaum sichtbare Faserstoffe sind (vor allem für Putze) eine sehr gute Armierung. Kuhdung weist – frisch verarbeitet – spätestens nach zwei Tagen keine Geruchsbelästigung mehr auf. Es geht aber auch ohne Kuhdung. Ammoniak, Kasein und Feinstfaserstoffe lassen sich auch auf andere Weise dem Lehm beimischen, es ist nur umständlicher.

Aufbereiten des Lehms

Die Bindigkeit (Klebekraft) des Bau-Lehms steht in ursächlichem Zusammenhang mit der Aufbereitung. Je inniger das Material durchgemischt wird, desto fester und widerstandsfähiger ist es nach der Verarbeitung. Ton als Bindemittel verklebt nicht nur Sand und Schluff, sondern auch die dem Lehm beigemischten organischen Zuschlagstoffe wie Stroh, Haare u. ä. (wenn er sie umschließt). Vereinfacht kann man sich das so vorstellen:
Die winzigen Teilchen des Tons ($\leqq$ 0,002 mm) sind kleine, flache Plättchen, die ein wirres Durcheinander bilden, ähnlich einem Brennholzhaufen aus zersägten Brettern. Wenn dem Lehm Wasser zugeführt wird, dringt dieses in alle Hohlräume ein und umschließt jedes Tonplättchen mit einem Wasserfilm. Der Ton quillt und verliert schließlich seine Scherfestigkeit, er wird plastisch, weich und formbar, mit mehr Wasser sogar flüssig. Knetet man Ton oder Lehm im plastischen oder flüssigen Zustand, ordnen sich die Tonplättchen so, daß sie mit ihren Flachseiten lamellenartig übereinanderliegen. Wenn der Ton trocknet, d. h. das Wasser zwischen den Plättchen schwindet, bleiben diese auf-

Je gründlicher die Aufbereitung, desto besser die Bindekraft des Lehms

grund ihrer Kohäsionskräfte (d.h. der Anziehungskräfte ihrer Moleküle) in der einmal angenommenen Ordnung dicht aufeinander liegen und umklammern dabei die gröberen Bestandteile, den Sand und die Zuschlagstoffe. Je inniger der Mischungsvorgang ist, desto mehr Tonplättchen haben die Möglichkeit, sich in der beschriebenen Form anzuordnen, Mineralgerüst und Zuschlagstoffe werden gleichmäßiger umschlossen und bilden nach der Trocknung zusammen mit dem Ton einen festen, stabilen Baustoff.

Beim Aufbereiten und Mischen geht es also darum, die Tonteilchen durch Wasser zu trennen und die Zuschlagstoffe, vor allem Sand und Stroh, gleichmäßig unterzumischen.

Wasserzugabe

Am einfachsten ginge dies natürlich mit sehr viel Wasser. Die Nachteile leuchten jedoch sofort ein: nasses, fast flüssiges Material läßt sich nicht verarbeiten, braucht zu lange zum Trocknen und führt zu vielen Schwundrissen. Das Anmischen sollte nach der einfachen Faustregel erfolgen: So trocken wie möglich, und so naß wie nötig.

Es gibt einige Tricks, die man auch schon früher anwandte, um das Anmischen mit weniger Wasser zu ermöglichen. Dazu gehören

das Abschälen des Lehmbodens, das Einsumpfen und das Auswettern.

Verfahren, die keine oder kaum Mehrarbeit bedeuten, jedoch zeitaufwendig sind.

Ein simpler Versuch zeigt den Einfluß intensiver Aufbereitung: Zwei Proben des gleichen mageren Materials werden einmal eine Minute und einmal fünf Minuten mit dem Rührquirl durchgearbeitet. Die Fallprobe des getrockneten Lehms (s. S. 40) ergibt im zweiten Fall (unten links) einen wesentlich zäheren, stabileren Baustoff.

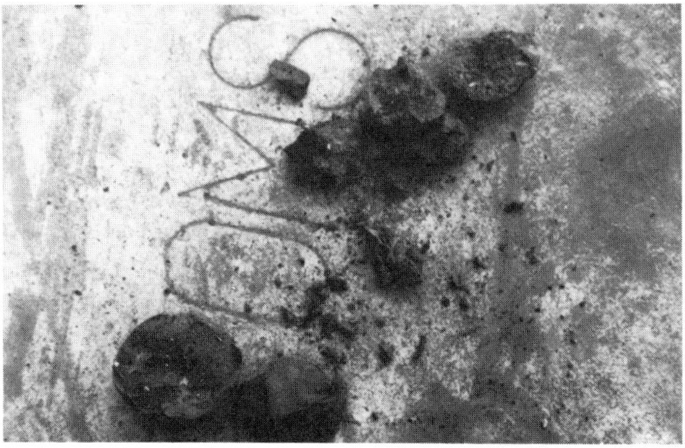

Auch mit dem Spaten (z. B. beim Tieferlegen eines Kellers) wird immer in dünnen Schichten abgestochen. Das geht einmal leichter, zum anderen ist der Lehm so für die Weiterverarbeitung schon gut zerkleinert.

Andererseits gibt es heute Maschinen, wie z. B. Gartenfräsen oder Rührmaschinen, mit denen die zeitaufwendigen Vorarbeiten erheblich reduziert werden können.

Abschälen

Der in Schichten abgelagerte Lehmboden besitzt auf verschiedenen Höhen häufig einen recht unterschiedlichen Tongehalt, der nicht immer durch die Färbung zu bestimmen und zu unterscheiden ist. Um einen annähernd gleichmäßigen Baustoff zu erhalten, sollte der Lehm verschiedener Lagertiefen miteinander vermischt werden. Da außerdem größere Lehmbrocken das Aufbereiten und Anmischen des Lehms erheblich erschweren, gewinnt man den Lehm am besten in dünnen, vertikalen Schichten.
In den alten Lehmgruben, die meist zwei bis drei Meter tief waren, wurde der Lehm, nachdem die Humusschicht entfernt war, einen halben bis einen Meter hinter der oberen Geländekante mit Pflöcken und Wasser als Tafel in der gesamten Tiefe heruntergebrochen.
Bei Baugrubenaushub oder in einer wiedereröffneten Lehmgrube kann ein verständiger, wohlmeinender Baggerfahrer durch Abschälen an der Kante mit geringfügig größerem Zeitaufwand denselben Effekt erzielen.

Auswettern

Wenn Zeit und Platz genug vorhanden sind, sollte man den Lehm einen Winter lang in ungefähr 40 cm hohen Haufen liegenlassen. Frost, Sonne und wohl auch Bakterien und andere Kleinorganismen machen aus zähem Lehmboden ein krümeliges, gut zu verarbeitendes Baumaterial. Auswettern oder auswintern (wie es auch genannt wird) konnte

der Lehm früher gleich in der Grube. Die abgesprengten Tafeln wurden im Herbst grob zerkleinert und erst im nächsten Frühjahr abgefahren und verarbeitet.
Ausgewinterter, krümeliger Lehm kann sich schneller und gleichmäßiger vollsaugen, darum braucht man weniger Wasser, um ihn plastisch und verarbeitungsfähig zu machen. Allerdings sollte der Lehm im zeitigen Frühjahr mit einer Plane abgedeckt werden, damit er nicht erneut durchfeuchtet wird und wieder zu einem Klumpen zusammenklebt.

Einsumpfen

Trockenen, krümeligen Lehm ca. 15 cm hoch in einer Kalkwanne, einem Faß oder einem Bottich mit ebensoviel Wasser bedecken. Nach zwei bis drei Tagen hat der Lehm eine weiche, pastöse Form angenommen und kann so leicht weiterverarbeitet werden.

Sieben

Um das Einsumpfen zu beschleunigen, kann man grobklumpigen, trockenen Lehm mit der Schippe durch ein Sieb streichen. Dies ist vor allem beim Anmischen von Putzmaterial vorteilhaft. Wird eine Gartenfräse oder eine Teigrührmaschine zum Anmischen verwendet, so ist das Sieben (außer bei grobsteinigem Material) nicht erforderlich.

Mischen und Durcharbeiten

Das Durcharbeiten und Untermischen der Zuschlagstoffe kann auf zweierlei Weise erfolgen. Entweder werden (wie bei einem Knetteig) alle einzumischenden Bestandteile übereinander geschichtet und dann gemeinsam durchgearbeitet. Oder die einzelnen Zuschlagstoffe werden (wie bei einem Rührteig) nacheinander eingemischt. Die zweite Methode ist nicht nur leichter (weil der schwer aufzubereitende Lehm erst einmal mit Wasser aufgeschlossen wird), sie ist auch besser, weil so die Konsistenz des Lehm-Sandgemischs unabhängig vom einzumischenden Stroh bestimmt werden kann.

Mischen in mehreren Arbeitsgängen

Zuerst Lehm und Wasser mischen (wenn man nicht eingesumpftes Material verwendet), dann den erforderlichen Sand untermischen. Das Lehm-Sand-Gemisch sollte eine kartoffelbreiähnliche Konsistenz aufweisen.

Einmischen flüssiger Zuschlagstoffe

In den gemagerten Lehm im zweiten Arbeitsgang Kuhdung geben. Wenn dieses Naturprodukt nicht erwünscht ist, folgende Ersatzstoffe zumischen: Ammoniak, Borax oder Schachtelhalmtee (gegen Pilzbildung) und/oder Kasein zur Erhöhung der Wasserfestigkeit.

Einmischen von Faserstoffen

Faserstoffe – Stroh, Häcksel, Haare, Borsten o. ä. – werden immer zuletzt eingemischt. Sie werden aufgelockert, in trockenem Zustand in ca. 10 cm Höhe auf die gesamte Lehmoberfläche gestreut und untergemischt. Dies wird so oft wiederholt, bis alle erforderlichen Faserstoffe untergemischt sind.

Das Durchtreten des Lehms ist (wie hier auf einem Lehmbauseminar) für ein paar Minuten eine lustige Beschäftigung und macht bei kleinen Mengen z. B. für die Reparatur eines Gefachs, durchaus Spaß. Den Lehm für ein ganzes Haus anzumischen, und über acht oder zehn Stunden täglich die Füße zum Stampfen zu benutzen, ist harte Knochenarbeit, die man besser Maschinen überläßt.

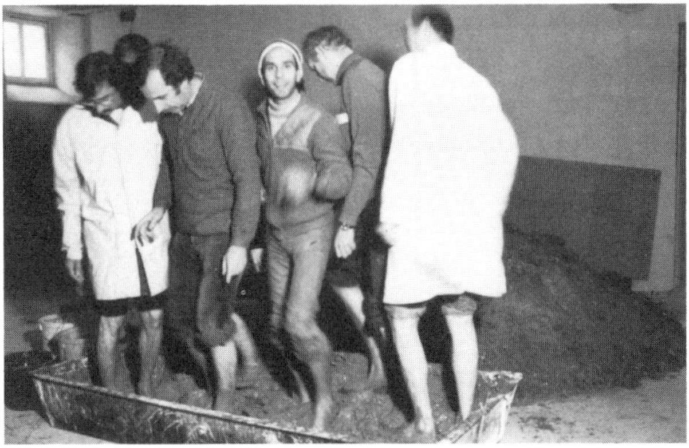

Maschineneinsatz

Auswettern (klumpigen Lehm bröselig machen)
Einsumpfen (mit Wasser in eine pastöse Form bringen)
Durcharbeiten (mit Druck mischen und kneten) und
Anmischen (Sand und vor allem Faserstoffe untermischen),
sind die vier Arbeitsgänge, die eine Maschine leisten muß, wenn sie für Lehmbauarbeiten geeignet sein soll. Im Handel ist keine spezielle Lehmbaumaschine erhältlich. Hier muß man auf Maschinen zurückgreifen, die eigentlich nicht für den Lehmbau entwickelt wurden.
Der Laie kommt, auch wenn er ein ganzes Haus ausbauen will, mit einer kräftigen Bohrmaschine mit Rührquirl, einer Gartenfräse und mit einem Rasenmäher aus. Für Leichtlehm werden andere Maschinen verwendet (s. S. 85).

Rührquirl für Bohrmaschinen

Nur stärkere Ausführungen verwenden. Geeignet zum Durcharbeiten und Magern gut eingesumpften Materials und für kleinere Mengen. Beim Anmischen im Speißfaß zwischendurch mit einem Rührspaten wenden. Stroh immer mit den Füßen eintreten.

Teigrührmaschine

Ausgediente Bäckereimaschinen sind gut geeignet.
Die Teigrührmaschine ist ein sehr langsam arbeitendes Gerät, das fein und gründlich durcharbeitet. Es ist hervorragend für Putzmischungen geeignet. Häcksel läßt sich gut einmischen, längeres Stroh verfängt sich allerdings im Rührarm. Für Ausfachungen und wegen seiner geringen Mengenleistung nur im Ein- oder Zweimannbetrieb geeignet.

Gartenfräsen

Sie können in einer Kalkwanne oder direkt auf dem Boden zum Strohlehmmischen eingesetzt werden. Auch klumpiger Lehm läßt sich mit einer Fräse feinmahlen. Unter geringer Wasserzugabe kann der Lehm dann mit Sand gemagert und gut durchgearbeitet werden. Auch größere Mengen ungehäckseltes Stroh lassen sich in mehreren Arbeitsgängen problemlos und schnell untermischen.

Maschinen der Keramischen Industrie

Für Handwerksbetriebe sind Mischmaschinen aus der Keramischen Industrie geeignet, die mit Schnellrührgang und Pumpvorrichtung ausgestattet sind, allerdings können auch sie nur gehäckseltes Material untermischen.

Stroh häckseln

Für Ausfachungen, vor allem aber für Putze muß das üblicherweise erhältliche Ballenstroh klein gehäckselt werden. Etwas mühsam, aber durchaus stilvoll kann man es per Hand mit einem alten Haumesser auf einem Hackklotz zerkleinern.

Schneller und leichter geht es mit einem Rasenmäher, mit dem man ein paarmal über das aufgelockerte Stroh fährt. Da die Messer immer über dem Boden liegen, eignet sich jede ebene Fläche als Untergrund. Für sehr große Mengen kann man einen Strohhäcksler aus der Landwirtschaft verwenden.

Die Gartenfräse ist eine der wichtigsten Maschinen für das Mischen und Durcharbeiten des Lehms

Strohlehmausfachung aus dem 18. Jahrhundert. Auszäunung mit rautenförmig verflochtenen Eichensprickeln.

6 Ausfachungen

Das Ausfachen mit Strohlehm einschließlich der Herstellung von Staken und Geflecht erscheint auf den ersten Blick recht aufwendig. Es ist aber bauphysikalisch wesentlich besser als jede Ausmauerung mit heute üblichen Materialien. In Eigenleistung erstellt, ist es darüber hinaus auch wesentlich preisgünstiger.

Neuausfachung des gesamten Hauses

Da sich Lehmausfachungen sehr gut reparieren lassen, müssen bei einer Sanierung in der Regel nur einige Gefache komplett erneuert werden. Sind ca. 50% der Gefache einer Wand reparierbar, so sollte auch der Rest (um einen einheitlichen Baukörper zu erhalten) wieder in der gleichen Art ausgefacht werden. Steht nur noch die Holzkonstruktion des Hauses oder handelt es sich um einen Neubau, so machen wir die Ausfachungsarbeiten in einem Arbeitsgang mit der Innenschale der Wand aus Leichtlehm (s. S. 93).

Lehmvermauerte Steine

Neben den bei uns gebräuchlichen Ausfachungen mit Staken und Geflecht gibt es noch andere überlieferte Methoden, die Wände zu schließen, wie z. B. mit Wellerhölzern, Lehmsteinen oder lehmvermauerten Ziegel- oder Bruchsteinen. Wenn sie im Haus vorkommen, sollten diese Ausfachungsarten erhalten bzw. ergänzt werden.

Strohlehmausfachungen mit Staken und Geflecht

Strohlehmausfachungen mit Staken und Geflecht umfassen drei voneinander getrennte Arbeitsschritte. Die Staken wurden früher als letzte Arbeit vom Zimmermann hergestellt, das Ausflechten wurde meist von den Frauen, und das Einbringen des Strohlehms vom Bauherrn selbst oder angelernten Helfern ausgeführt.

Auszäunen

Staken und Geflecht einbringen wird unter dem Begriff »Auszäunen« zusammengefaßt. Die Auszäunung ist das Haltegerüst für den Strohlehm, wobei mit »Staken« die dickeren, senkrechten Streben bezeichnet werden.

Herstellen der Staken

Staken sollten aus dem gleichen Holz wie das Fachwerk gemacht werden, damit ihr Dehnungsverhalten dem der tragenden Teile des Hauses entspricht. Man verwendet darum in den meisten Fällen gespaltene Eichenholzknüppel. Eichenscheite können beim Förster gekauft werden.

Zur Herstellung der Staken werden ein Hauklotz, ein Spalthammer, eine Axt, Keile und ein Ziehmesser benötigt. Nur gut geschärftes Werkzeug verwenden!

Eichenscheite werden mit Spalthammer und Keilen gespalten. Die tortenstückförmigen »Spaller«, die länger als die Gefache sein müssen, sollten an der Rindenseite 10 bis 12 cm breit sein.

Die Spitze des Tortenstücks und möglicherweise vorstehende Aststummel werden abgebeilt und die Kanten mit dem Ziehmesser gebrochen. Das Abbeilen des Splintes (= des äußeren Weichholzes) ist nicht erforderlich, weil der Lehm ja das Holz konserviert.

Zum Vergleich: das gespaltene Holz vor und nach dem Abbeilen. An scharfkantigen Staken könnte sich das Flechtwerk aufscheuern und damit die Haltbarkeit der Armierung gefährden.

An einem Ende werden die glatt gebeilten Staken mit der Axt angespitzt.

Ist Eichenholz absolut nicht zu bekommen, muß notfalls auf andere Holzarten zurückgegriffen werden.
Wenn das Spalten zu mühsam erscheint, gewöhnliche Dachlatten verwenden. Auch sie müssen an den Kanten mit dem Schälmesser abgeschrägt werden.

Vorbereitung des Gefachs

In dem auszuzäunenden Gefach wird umlaufend in der Mitte der Balken eine Kerbe geschlagen. Bei extrem kalten Temperaturen ziehen sich Lehm und Holz unterschiedlich stark zusammen. Dies geschieht zwar nicht so extrem wie bei anderen Materialien, trotzdem entsteht aber an der Anschlußstelle eine kleine Fuge. Die Kerbe wirkt später, wenn der Ausfachungslehm fest in sie hineingedrückt ist, wie ein Falz, das Gefach sitzt wie ein Fenster in seinem Rahmen.
Die umlaufende Kerbe ist kein altes Verfahren. Bei den meisten Befunden sind nur im unteren und oberen Riegelholz Kerben und/oder Löcher eingeschlagen. Sie dienen aber weniger als Falz denn als Arretierung für die Stakenhölzer.

An allen vier Seiten wird in der Mitte der Balken eine ca. 2 cm breite und 1,5 bis 2 cm tiefe Kerbe mit Stechbeitel und Holzhammer geschlagen. Schneller geht es, wenn die Kerben mit einer kleinen Motorsäge (am handlichsten ist eine Elektrosäge) vorgearbeitet werden. Umlaufend sägt man im Gefach zwei parallele Schlitze.

Im zweiten Arbeitsschritt wird mit dem Stechbeitel nur noch der stehengebliebene Steg entfernt.

Im oberen Gefachriegel werden dort, wo die Staken sitzen sollen, mit einem Rundstechbeitel oder einem dicken Holzbohrer (18 bis 20 mm) 2 cm tiefe Löcher in die Kerbe gebohrt oder gestemmt. Diese Löcher sind die oberen Arretierungspunkte für die Stakenhölzer.

Einsetzen der Staken
Man sägt die Staken auf Länge (= Gefachhöhe + obere und untere Kerbe + Arretierungsloch) und beilt sie unten an der breiten Seite flach zu.

Das Stakenholz wird mit der angespitzten Seite in das obere Bohrloch gesteckt und mit der Axt stramm in die untere Kerbe geschlagen.

Bis zu einer Gefachbreite von ca. 1 m werden drei Staken auf das Gefach verteilt. Bei breiteren Gefachen sind fünf Staken erforderlich.

Abstand zum Ständer

Zwischen den äußeren Staken und den Fachwerkständern muß genügend Platz bleiben, so daß die einzuflechtenden Ruten in die Kerbe (Nut) eingeführt werden können und die Kerbe noch gut mit Lehm gefüllt werden kann.
Oft sieht man, daß die äußeren Staken direkt an den Ständer gesetzt wurden. Die Begründung dafür ist, daß der möglicherweise zwischen Balken und Lehm auftretende Spalt nicht zu groß werden soll. Bei einer guten Ausfachungsarbeit und wegen unserer seitlichen Nut ist dies keine Gefahr. Die Methode hat nämlich einen entscheidenden Nachteil: Zwischen Balken und eng gesetzter Stake ist die Lehmausfachung gewissermaßen zweischalig. Die »selbstreparierende Wirkung« des Lehms ist damit am kritischsten Punkt unterbrochen.

Ausflechten

Alles schnellwachsende, jährlich lang austreibende und ausreichend biegsame Holz, das nicht dicker als 1,5 cm sein sollte, ist als Flechtmaterial geeignet: Ruten von Kopfweiden, Faulbaum, Haselnuß und Forsythien können z. B. gut verwendet werden. Wenn man die Zweige im Winter oder zumindest im zeitigen Frühjahr schneidet, stört man keine Nistplätze und spart sich die Arbeit des späteren Entlaubens.

Die einzelnen Ruten werden abwechselnd, einmal von rechts und einmal von links beginnend, verflochten. Der wechselseitige Anfang beim Flechten gewährleistet eine gleichmäßige Flechtholzstärke im ganzen Gefach.

Je dichter die Flechtruten aufeinander sitzen, desto fester und widerstandsfähiger wird das Gefüge. Vor allem aber ist die Gefahr gebannt, daß der schwere Strohlehm nach unten sackt. Das dickere Ende wird in die Kerbe des Ständerbalkens gesteckt, die Rute verflochten und auf der anderen Seite so mit der Gartenschere abgeschnitten, daß auch dieses Ende in der Kerbe fest sitzt. Der »Falz« wird damit ausgesteift.

Sprickelwerk

Anstelle der dünnen, über die gesamte Gefachbreite verflochtenen Schwachholzruten kann man auch dickere Hölzer verwenden, wenn man sie, in der Mitte aufgespalten, als sog. Sprickelwerk nur über drei Staken festklemmt.

Hölzer von 3 bis 4 cm Stärke, die sich nicht mehr biegen lassen, werden – in der Länge von etwas mehr als drei Staken Breite – abgemessen und mit einer Axt oder einem Haumesser in der Mitte aufgespalten.

Die aufgespaltenen Sprickel werden mit der flachen (Spalt-)Seite am mittleren Staken angelegt. Dadurch wird ihre Spannkraft erhalten. Die Sprickel werden wechselseitig, d. h. einmal von vorne und einmal von hinten gesteckt und sollen an den Gefachseiten in die Balkenkerbe hineinragen. Der Arbeitsaufwand von Sprickelwerk und Geflecht aus Schwachholzruten ist in etwa derselbe.

Strohseile

Sehr selten findet man alte Ausfachungen, deren Staken mit geflochtenen Strohseilen umwunden sind. Eine langwierige Arbeit, die heute kaum noch möglich wäre, weil das Langstroh zum Flechten der Seile fehlt. Die Gefachanschlüsse sind bei dieser Methode recht problematisch.

Sichtbares Flechtwerk

In Schafställen und Speichern, die eine gute Durchlüftung erforderten, war es früher mancherorts üblich, die Gefache besonders sorgfältig auszuzäunen und dann das Flechtwerk offenzulassen. Da Strohseilausfachungen sehr dekorativ wirken, ist es wahrscheinlich, daß auch sie ursprünglich sichtbar waren und erst später mit Lehm beworfen wurden.

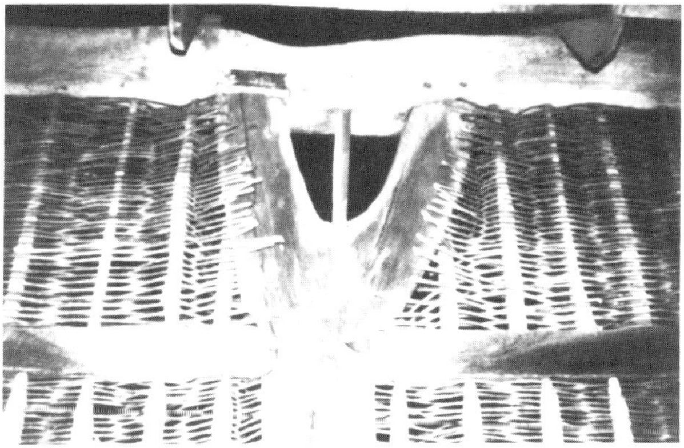

Ausstakung ohne Flechtwerk

Um sich das Ausflechten zu ersparen, hat man schon früher manchmal die Staken sehr viel enger gesetzt. Damit der Strohlehm an den glatten Flächen des Stakholzes nicht in sich zusammenrutscht (was vor allem vor dem Trocknen eine Gefahr wäre), hat man mit dem Beil seitlich im Abstand von 3 bis 5 cm Kerben in die Hölzer geschlagen. Die Späne, die sich nach außen biegen und wie kleine Ohren abstehen, geben dem Strohlehm einen gewissen Halt. Nach Meinung alter Fachleute bringt dies keine besonders gute Haftung für den Lehm im Gefach. Wir verwenden dieses Verfahren nur dann, wenn wir nur von einer Seite an das Gefach heran können, d. h. in Ausnahmefällen bei Reparaturen (s. S. 139).

Lehmbewurf – Einbringen des Strohlehms

Das Durcharbeiten und Anmischen des Lehms erfolgt, wie bereits beschrieben (s. S. 49). In den ausreichend gemagerten Lehm von kartoffelbreiähnlicher Konsistenz wird gehäckseltes Stroh eingemischt. Aufgelockertes Ballenstroh in voller Länge ist zwar verwendbar, es läßt sich aber weitaus schwieriger verarbeiten.
Für ein Gefach von 70 x 100 cm benötigt man etwa zwei Speißfässer fertige Mischung. Je nach der Anzahl der Gefache erfolgt das Anmischen entweder in Speißfaß oder Kalkwanne mit dem Rührquirl und den Füßen, in einer Teigrührmaschine oder auf dem Boden mit einer Gartenfräse. Das Einmischen von Kuhdung in den Gefachlehm ist nicht unbedingt erforderlich, erhöht aber die Wasserfestigkeit und ist pilztötend.

Rezept:

Strohlehm für Ausfachungen

Strohlehm

1 Speißfaß gemagerter Lehm
Ergebnis Haftprobe 2

½ Eimer Kuhdung (oder Ersatzstoffe)

2 Speißfässer gehäckseltes Stroh
Halmlänge bis 15 cm

Kuhdung in Lehm-Sand-Gemisch verrühren, nach und nach Stroh dazumischen, wenn nötig erneut Wasser zugeben.

Konsistenz der fertigen Mischung:
steif, plastisch-formbar, immer noch klebrig

Die Mischung ist richtig, wenn sich eine Kugel von 10 cm Durchmesser, die man aus 1 m Höhe fallen läßt, sich in der Aufschlagfläche zu einem Durchmesser von 13 cm ausbreitet.

Auch wenn es archaisch anmutet: das Einbringen des Strohlehmgemischs ins Gefach geht am besten und am schnellsten mit den Händen. Da der Lehm die Hände nicht angreift, ist das Arbeiten durchaus angenehm.

Der Lehmpatzen wird mit einem gewissen Schwung ins Gefach gebracht. Auf diese Weise »verklammert« er sich gut ins Flechtwerk und verbindet sich mit dem bereits eingebrachten Lehm.

Man beginnt in einer der unteren Ecken, achtet darauf, daß die Balkenkerbe gut gefüllt wird und arbeitet sich leicht schräg von unten in die gegenüberliegende obere Ecke vor.

Statt mit den Händen kann man den Strohlehm natürlich auch (wie ganz normalen Mauerspeiß) mit der Kelle anwerfen. Da man mit der Kelle nur schwer in das Strohlehmgemisch hineinkommt, verwendet man einen Haken oder eine Gartenhacke mit kurzem Stiel.

Zum Schluß streicht man das Gefach mit dem Reibebrett einigermaßen glatt und drückt vor allem die Gefachanschlüsse noch einmal nach.

Die Strohfasern richten sich bei schräg geneigtem Reibebrett auf und ergeben eine rauhe Oberfläche.
Der Lehm muß 1,5 bis 2 cm hinter der Balkenvorderkante abschließen, damit ausreichend Platz für den später aufzubringenden Putz ist. Die Oberfläche darf nicht vollständig glatt gerieben werden, um eine gewisse mechanische Verbindung von Gefachlehm und Putz zu gewährleisten.

Die Strohlehmmischung muß natürlich von beiden Seiten eingebracht werden. Ist das Einwerfen mit ausreichend großem Schwung erfolgt, so sieht man von der Rückseite die Verzahnung des Strohlehms im Flechtwerk.

Einbringen des Lehms auf der Rückseite des Gefaches

Die andere Seite des Gefaches (»Rückseite«) kann sofort im Anschluß an die erste Seite zugeworfen werden. In diesem Fall erfolgt das Andrücken des Lehms am Gefachanschluß und das Glätten beider Seiten erst nach Fertigstellung der zweiten Seite. Möglicherweise aus der Verzahnung mit dem Flechtwerk gelöster Lehm wird hierbei wieder ins Gefach gedrückt. Wenn man mit dem Ausfachen der Rückseite vierzehn Tage wartet, ist der Lehm der Vorderseite soweit angetrocknet, daß er sich nicht mehr vom Flechtwerk löst. In diesem Fall muß das Gefach aber gut vorgenäßt werden. Beim Ausfachen vieler Gefache kann man zuerst eine Hausseite von außen oder innen fertigstellen, bevor man bei allen Gefachen mit der anderen Seite beginnt.

Im Takt – zu zweit

Bei Lehmbauseminaren wird häufig eine andere Methode praktiziert. Hier arbeiten zwei Leute auf den gegenüberliegenden Gefachseiten im Takt. Sie werfen ihre Lehmpatzen jeweils abwechselnd von der einen und der anderen Seite an die gleiche Stelle im Gefach. Das hat den Vorteil, daß sich der Lehm beider Seiten besonders gut miteinander verzahnt, auch wenn die »Werfer« noch nicht so geübt sind.

Trockenzeit

Je höher der Faserstoff- und Schluffanteil eines Stroh-Lehmgemisches ist, desto langsamer trocknet es ab. Da Lehm erst nach dem Austrocknen frostsicher ist, soll mit den Ausfachungsarbeiten so früh wie möglich im Jahr begonnen werden. Der Bau muß immer gut gelüftet sein.
Bei günstigen Witterungsbedingungen trocknet der von uns verwendete Ausfachungslehm in acht bis zehn Wochen. Bei hoher Luftfeuchtigkeit und nassen Sommern kann sich diese Zeit um sechs Wochen verlängern.

Schwund- und Setzrisse

Ist der Lehm im richtigen Verhältnis gemagert und mit einer ausreichenden Menge Stroh versetzt, so treten keine oder kaum Schwund- und Setzrisse auf. Selbst Risse von 5 mm Breite und 20 mm Tiefe können später mit dem Putz problemlos verschlossen werden. In alten Befunden, die verputzt über Jahrhunderte gehalten haben, sieht man häufig Schwund- und Setzrisse, die weit größer sind. Der Sand zum Magern des Lehmes war teuer oder schwer zu beschaffen, das Stroh Mangelware, außerdem war das Untertreten mit den Füßen Knochenarbeit, die sich manch einer gerne erspart haben mag.
Setzrisse am oberen Gefachanschluß können auch dann auftreten, wenn die Auszäunung nicht dicht genug war, d. h. wenn das Flecht- oder Sprickelwerk unter dem Gewicht des Strohlehms zusammensacken konnte. Ist der Setzriß nicht mehr als 5 cm breit, so ist er unproblematisch und kann mit Strohlehm nachgebessert werden. Bei größeren Spalten sollte ein zusätzlicher Sprickel eingeschoben werden. (Bei weiteren Ausfachungsarbeiten Mischungsverhältnis kontrollieren und Auszäunung sorgfältiger arbeiten!)

Nachbessern

Ist der Gefachlehm noch feucht, schiebt man mit der Hand oder der Kelle Lehm von unten nach und ergänzt die Lücke mit zusätzlichem Strohlehm. Ist der Gefachlehm trocken oder bereits angetrocknet, so muß man die Anschlußkante

satt vornässen, damit sich eine gute Verbindung ergibt. Der Setzriß kann aber auch, wenn er nicht breiter als 3 cm ist, ohne zusätzliche Arbeitsschritte beimVerputzen geschlossen werden.
Wenn man alte Befunde betrachtet, so sieht man, daß Setzrisse durchaus häufig waren und daß sie nicht mit Gefachlehm, sondern üblicherweise mit Putzspeiß geschlossen wurden.

Ausfachung mit Wellerhölzern

Bei einer weiteren Methode die Gefache mit Strohlehm auszufachen, wird auch mit Staken, aber ohne Flechtwerk gearbeitet. Die Staken umwickelt man einzeln mit Stroh und Lehm. Die Lehmwickel, auch »Wellerhölzer« genannt, werden dann dicht an dicht in das Gefach geschoben und das Gefach dann mit zusätzlich eingebrachtem Strohlehm glatt gezogen.
Für Wandausfachungen ist diese Methode weitaus seltener angewandt worden als das Auszäunen mit Flecht- oder Sprickelwerk. Für Deckenfüllungen ist es aber eine sehr gebräuchliche Methode. Die einzelnen Arbeitsschritte des Wickelns werden auf den Seiten 106 bis 111 Schritt für Schritt dargestellt.
Die Vorbereitung der Gefache wurde bereits beschrieben (s. S. 58). Auch hier sollte aus den genannten Gründen eine umlaufende Nut gestemmt werden. Die Staken können etwas breiter sein als für Auszäunungen, sie müssen aber besonders sorgfältig gebeilt werden, weil das Stroh sich an scharfen Kanten leicht durchscheuern würde.

Die Staken werden eingepaßt. Für das mittlere Holz muß das Arretierungsloch größer und tiefer gebohrt oder gestemmt werden.

Die Staken werden mit Lehm umwickelt (s. S. 106) und wieder in das Gefach eingebracht. Der letzte Lehmwickel wird nicht schräg, sondern gerade nach oben in das vertiefte Arretierungsloch geschoben und dann in die Nut heruntergelassen.

Oben rechts das Gefach mit eingepaßten Wellerhölzern, unten zwei bereits fertiggestellte. Oben links ein abgewettertes Gefach, das einfach mit neuem Verputz repariert werden kann.

Mit der Hand wird in die Zwischenräume der Wellerhölzer zusätzlich Strohlehm eingeschlagen.

Das stattliche Torhaus von Gut Bodenhausen, Gemeinde Habichtswald, wurde 1649 errichtet, der Fachwerkaufbau 1834 erneuert.

Strohgedecktes niedersächsisches Hallenhaus. Die rotgestrichenen Lehmgefache sollen von weitem eine Ziegelausmauerung vortäuschen.

Ausmauerung mit Lehmsteinen

Auch mit Lehmsteinen ausgemauerte Gefache sind durchaus keine Seltenheit und finden sich an vielen Orten parallel zu den ausgezäunten Gefachen. Der Vorteil liegt auf der Hand: Lehmsteine sind vorgetrocknet, der Baukörper ist schneller trocken, und man hat eine »saubere Baustelle«. Die Steine können selbst hergestellt und getrocknet werden (in diesem Fall ist der Arbeitsaufwand in etwa vergleichbar) oder sie werden in der Ziegelei gekauft.
In Nordhessen sind z. B. Stroh-Lehmausfachungen im Naßverfahren das übliche. Vereinzelt gibt es aber auch dort Orte, in denen fast alle Fachwerkhäuser mit Lehmsteinen ausgemauert wurden. Es ist zu vermuten, daß es in diesen Orten eine Ziegelei oder einen Ziegler gegeben hat, der die meist mit Kaff oder feinem Häcksel versehenen Steine preiswert abgegeben hat. Heute kann man sog. »Grünlinge« (ungebrannte Ziegel) in den meisten Ziegeleien kaufen. Da sie mit der Vakuumpresse hergestellt werden, sind sie anfälliger gegen Frost und Schlagregen und sollten darum in Außenmauern nur in Ausnahmefällen Verwendung finden. Sie weisen keine Strohanteile auf, deshalb ist die Wärmeisolierung dieser Ausfachungen schlechter als die einer Stroh-Lehmausfachung. Für Innenwände sind Grünlinge als Wärmespeicher gut geeignet.
Auf die Herstellung von Lehmsteinen gehen wir hier nicht gesondert ein. Im Massivlehmbau durchaus interessant, spielen sie im Fachwerkbau eine untergeordnete Rolle. Im Prinzip ist das Verfahren einfach:

In eine relativ schnell zu bauende Form, die jeweils gesandet werden muß, wird ein Strohlehmpatzen (Mischung wie Gefachlehm) mit Schwung eingeschlagen.
Die aus der Form genommenen Steine müssen unter Dach – aber gut gelüftet – acht bis zehn Wochen trocknen.

Vermauern von Lehmsteinen

Lehmsteine werden selbstverständlich mit Lehmspeiß vermauert. Die Speißmischung entspricht der Mischung für Oberputz (s. S. 115), die Zugabe von Faserstoffen ist nicht erforderlich. Die Steine werden vor dem Verarbeiten jeweils kurz in Wasser getaucht, um die Verbindung von Mörtel und Stein zu gewährleisten.

An den Längsseiten des Gefaches werden Holzleisten (2x3 cm) angeschlagen, um den Steinen im Gefach Halt zu geben. Die Lehmsteine lassen sich gut mit dem Maurerhammer zuhauen. An den Gefachanschlüssen wird in der Mitte des Steins mit zwei Schlägen des Hammers eine Kerbe eingeschlagen, damit der Stein gut um die Leiste greifen kann.

Ausfachungen mit Bruchsteinen

Auch Bruchsteine (in Steinbrüchen gewonnene Sand- oder Kalksteine) dienten schon in vergangenen Jahrhunderten als Ausfachungsmaterial für Fachwerkgebäude. Hier läßt sich unterscheiden zwischen sorgfältig behauenen Steinen, die (im Äußeren unverputzt) als Witterungsschutz und Fassadenschmuck gleichermaßen dienten und den Häusern der Wohlhabenden vorbehalten waren und (mehr oder weniger willkürlich) gesammelten Feldsteinen, mit denen untergeordnete Gebäude wie Scheunen und Ställe im Feld ausgemauert wurden.
Mit Lehm oder sehr weichem Kalkmörtel vermauert, schaden sie dem Holzfachwerk nicht unbedingt, wenn sie auch wegen ihrer wesentlich schlechteren Wärmedämmwerte für Neuausmauerungen nicht zu empfehlen sind.

Bruchsteinausmauerung des Lagerhauses eines »steinreichen« Hoflieferanten.

Ausmauerung mit Ziegelsteinen

Seit gut zweihundert Jahren mauert man im norddeutschen Raum die äußeren Gefache mit gebrannten Ziegelsteinen aus. Die roten Ziegelsteine, die weder verputzt noch gestrichen werden, sind für die freistehenden Gehöfte im rauhen nördlichen Klima ein sehr guter Witterungsschutz. Die Ziegelausmauerungen verdrängten im Laufe der Jahrhunderte die Lehmausfachungen auch bei Renovierungen, wie die Stakenlöcher und -nuten in den Fachwerkriegeln älterer Höfe anschaulich dokumentieren.
Die sorgfältig ausgeführten Schmuckverbände geben den Fassaden der eingeschossigen Häuser mit den riesigen Dachflächen ihren besonderen Reiz. Bauphysikalisch war diese Form der Ausmauerung so lange kein Problem wie handgeformte, nicht zu hart gebrannte, mit Lehmmörtel vermauerte Ziegel verwendet wurden.

In offene Fugen eindringendes Wasser kann bis an den dahinterliegenden Lehmspeiß vordringen (ihn vielleicht ein wenig zum Quellen bringen), es kann aber auch gut wieder verdunsten und schadet dem Holz nicht.

Probleme mit der Ziegelausmauerung traten erst auf, als die Gefache mit hart gebrannten Ziegelsteinen und mit Zementspeiß vermauert und verfugt wurden und als man dazu überging, auch zum Gefach hin eine Speißfuge zu setzen.
Abgesehen von den beschriebenen Gefahren für das Holz, ist es oft vorgekommen, daß die Balken (durch Dehnen und Zusammenziehen bei Hitze und Kälte) die Ausmauerung im Ganzen herausgedrückt haben.

Die schmalen weißen Fugen täuschen: Muschelkalk diente ursprünglich nur zum Verfugen der Steine, gemauert und im Inneren vollflächig verputzt wurde früher immer mit Lehmmörtel. Die Steine wurden mit schmalen Fugen gemauert und so eng wie möglich an das Gefachholz gesetzt, der Anschluß zwischen Holz und Stein blieb unverfugt.

Andere Ausfachungsmaterialien

Es gibt kaum einen modernen Baustoff, der in den letzten Jahrzehnten nicht schon bei der Renovierung von Fachwerkhäusern zur Ausmauerung benutzt worden ist, sei es Gasbeton, Bims, Schlackensteine, Gittersteine, Klinker, Ausschäumungsmaterial, Glasbausteine o. ä.
All diese Materialien, so gut sie für andere Einsatzgebiete auch sein mögen, sind zur Ausmauerung von Fachwerkbauten weniger geeignet als Lehm. Je starrer sie das Gefach ausfüllen und je dampfundurchlässiger sie sind, desto eher besteht die Gefahr, daß das tragende Holzgerüst angegriffen und langfristig zerstört wird.

Mit Lehmsteinen ausgemauerte Fachwerkscheune
Obwohl nie verputzt, sind die handgeformten Lehmsteine, die einen hohen Kaffanteil haben, auch nach etwa einhundertfünfzig Jahren kaum verwittert.

Mit Sprickelwerk ausgezäunte und nur von außen mit Strohlehm beworfene Gefache im Zwergdach eines Speichergebäudes. Wethen/Nord-Waldeck, Anfang 19. Jahrhundert.

7 Wärmeisolierende Innenschale

Bestehende Fachwerkhäuser sind für unser heutiges Wohngefühl nicht gut genug isoliert. Bei der Nutzungsänderung von Ställen und Scheunen zu Wohnraum sollen die baurechtlichen Bestimmungen über Wärmedämmung (DIN 4108 und Wärmeschutzverordnung v. 1983) befolgt werden. Da wir die Fachwerkhäuser mit ihren schönen Fassaden erhalten wollen, muß die Isolierung von innen erfolgen. Wenn aber einerseits bekannt ist, daß mehrschalige Wandaufbauten problematisch sind und langfristig zu einer Durchfeuchtung und Fäulnisbildung im Holz führen können, andererseits aber einschichtige, dampfdurchlässige Baustoffe wie Lehm der Durchfeuchtung des Holzes sogar entgegenwirken (s. S. 14), was liegt dann näher, als auch für die innere, wärmeisolierende Schicht Stroh und Lehm zu verwenden?!

Leichtlehm

Schon in der DIN 18 951 ff. von 1949 ist ein als »Leichtlehm« bezeichneter Baustoff genannt, dessen Raumgewicht unter 1200 kg pro m^3 liegt und der sehr gute wärmeisolierende Eigenschaften aufweist. Dieser Baustoff wird anders als Strohlehm angemischt.

Locker geschichtetes Stroh wird mit einer dünnflüssigen Lehmschlämme übergossen oder in diese Schlämme getaucht. Selbst wenn bei dieser Methode das Verhältnis von Stroh und Lehm nur genauso hoch ist wie bei mit viel Stroh versetzten Gefachlehmen, so hat dieser Leichtlehm doch eine wesentlich höhere Wärmedämmung als der vergleichbare Gefachlehm. Denn er enthält auch nach Einbau und Trocknung viele Lufteinschlüsse, die das Material leicht und wärmedämmend machen. Je höher der Stroh- und Luftanteil ist, desto leichter und wärmedämmender wird er. (Auch per Hand kann man an der Baustelle Leichtlehme herstellen, deren Raumgewicht nicht über 400 kg/m³ liegt.)

Angeregt durch das 1983 erschienene Buch LEICHTLEHMBAU von Franz Volhard, werden heute Neubauten aus Leichtlehm mit Raumgewichten von 400 bis 800 kg/m³ und innenliegenden Holzständerkonstruktionen erstellt. Es fehlen allerdings noch Langzeitbeobachtungen und z. B. Antworten auf die Fragen, ob und inwieweit die extrem hohen Stroh- und Luftanteile die Kapillarität des Lehms herabsetzen und, ob dieser Baustoff in der Lage ist, das in der Wand niedergeschlagene Wasser langfristig wieder zu den beiden Außenseiten einer Wand zum Abtrocknen zu transportieren. Für reine Leichtlehmbauten, bei denen das innenliegende Holz durch Vorbehandlung mit fetter Lehmschlämme zusätzlich geschützt wird, sind die bisherigen Beobachtungsergebnisse durchaus positiv und vielversprechend.

Leichte und schwerere Mischungen

Bei Fachwerkbauten mit bestehender Lehmausfachung und außenliegender Holzkonstruktion tendieren wir (um einen einheitlichen Wandaufbau zu gewährleisten) zu schwereren Mischungen; und das vor allem auch darum, weil die Wärmedämmwerte auch dann noch sehr gut und selbst nach DIN und Wärmeschutzverordnung durchaus ausreichend sind.
Eine innenliegende Leichtlehm-Isolierung mit schwereren Mischungen (wir verwenden Mischungen von 800 bis 1000 kg pro m³) ist nur dann möglich, wenn die gesamte Wand dampfdurchlässig ist; d. h. Ausmauerungen, Putze und Farben aus handelsüblichen Materialien müssen vorher entfernt werden.

Innenschale bei Ziegelausmauerung

Sind die Gefache, wie z.B. in Norddeutschland, mit gebrannten Ziegelsteinen ausgemauert, so sollte zwischen Ziegelausmauerung und Leichtlehminnenschale ein von außen belüfteter Zwischenraum bleiben. In diesem Fall kann eine leichtere Mischung gewählt werden, wie man sie für Dachschrägenisolierung und Neuausfachung mit Leichtlehm verwendet.

Wärmedämmwerte im Vergleich

Je niedriger die Wärmeleitzahl, desto höher ist die Wärmedämmung eines Baustoffes. Tabelle nach F. Volhard.

Baustoff	Raumgewicht kg/m³	Wärmeleitzahl w/mk
Massivlehm	2000	1,13
Strohlehm	1600	0,73
Strohlehm	1400	0,59
Leichtlehm	1200	0,47
Leichtlehm	1000	0,35
Leichtlehm	800	0,25
Leichtlehm	600	0,17
Leichtlehm	400	0,12

Einige der gängigen Baustoffe zum Vergleich. Wärmeleitzahlen und Raumgewichte sind Mittelwerte, abgeleitet nach DIN 4108.

Baustoff	Raumgewicht kg/m³	Wärmeleitzahl w/mk
Schwerbeton	2400	2,1
Vollziegel	1800	0,81
Leichtziegel	800	0,33
Gasbeton	600	0,19
Hartholz		0,18
Nadelholz		0,13
Holzwolle-leichtbauplatte	400	0,09

Für Bauherren ist der Wärmedurchgangskoeffizient interessant, der als K-Wert bezeichnet wird. Der K-Wert errechnet sich: Wandstärke geteilt durch Wärmeleitzahl des jeweiligen Baustoffes.
Damit erhält man rechnerisch den Wärmedurchgangswiderstand. Da der Wärmedurchgangskoeffizient der Kehrwert des Wärmedurchgangswiderstandes ist, teilt man die Zahl 1 durch das Ergebnis und erhält den K-Wert. Nach diesem Rechenprinzip, das aus der DIN 4701 (Regeln für die Berechnung des Wärmebedarfs von Gebäuden) abgeleitet werden kann, hier einige Rechenbeispiele:

K-Wert Fachwerkwand

Eine normale Fachwerkwand mit offenliegenden Eichenbalken, wie z. B. bei einer Scheune, hat im Durchschnitt eine Stärke von rund 18 cm. Der Holzanteil auf 1 m² dieser Wand beträgt in etwa 50 %.

Baustoff	Raumgewicht	Stärke	w/mk	m²K/w
50 % Strohlehm	1400	0,18	0,59	0,31
50 % Holz	600	0,18	0,18	1,0

$$1{,}31 : 2 = 0{,}66 = \frac{1}{K} = \frac{1}{0{,}66} = 1{,}51 = K$$

K-Wert isolierte Fachwerkwand
Wie man aus dem Rechenbeispiel 1 ersieht, ist der Wärmeschutz einer relativ dünnen Fachwerkwand für heutige Wohnbedürfnisse nicht ausreichend. Es wird heute (nach der Wärmeschutzverordnung) ein K-Wert von 0,50 angestrebt. Berechnungsbeispiel 2 – mit wärmeisolierender Innenschale – entspricht den modernen Wohnbedürfnissen und Bauamtsanforderungen bei normaler Wandstärke.

Baustoff	Raumgewicht	Dicke	w/mk	$\frac{m^2K}{w}$
50% Strohlehm 50% Holz	1400 600	0,18 0,18	0,59 0,18	0,31 1,0 1,31 : 2 0,66
Leichtlehm Putz mit Faserstoffen	800 1400	0,20 0,02	0,25 0,59	0,8 0,03 1,49
$\frac{1}{1{,}49} = 0{,}67 = K$				

K-Wert Dachisolierung
Für Dachisolierungen sind leichtere Mischungen von 400 kg pro m^3 zu vertreten. Der Holzanteil (im Dachbereich nur mit 30% anzusetzen) hat, weil die meisten Dachstühle aus Nadelholz bestehen, ungefähr die gleiche Wärmeleitzahl wie Leichtlehm.

Baustoff	Raumgewicht	Dicke	w/mk	$\frac{m^2K}{w}$
Leichtlehm + Holz Putz	400 1400	0,25 0,02	0,12 0,59	2,08 0,03 2,11
$\frac{1}{2{,}11} = 0{,}47 = K$				

Anmischen von Leichtlehm

Leichtlehm ist wesentlich leichter und schneller anzumischen als Strohlehm. Der reine Lehm wird mit viel Wasser zu einer dünnen Schlämme gerührt, die über einen Haufen aufgelockerten Strohs gegossen wird (Spritzverfahren) oder in die das Stroh eingetaucht wird (Tauchverfahren).
Das Raumgewicht des getrockneten Leichtlehms ist abhängig von der in Wasser gelösten Lehmmenge und davon, wie stark der Lehm beim Einbringen in die Schalung gestampft wird.
Der Anfänger ist versucht, die Lehmbrühe zu dick zu machen und das Stroh zu lange zu tauchen. Selbst für schwere Mischungen hat die Lehmbrühe noch die Konsistenz von flüssiger Schlagsahne. Die getauchten Strohhalme nehmen scheinbar kaum Lehm auf. Nach dem Mauken in die Form gedrückt oder für die leichtere Mischung gestampft, sieht man aber, daß doch erstaunlich viel Lehm »hängen geblieben« ist.

Rezept:
Leichtlehm ca. 400 kg/m³ (leichte Mischung); Leichtlehm ca. 800–1000 kg/m³ (schwerere Mischung).

Lehmschlämme

schwerere Mischung	leichte Mischung
1 Speißfaß krümeliger, fetter Lehm	1 Speißfaß krümeliger, fetter Lehm
80 l Wasser	120 l Wasser

Im Zwangsmischer oder besser mit schnellaufenden Rührwerken werden erst Wasser, dann Lehm eingefüllt und zu klumpenfreier Schlämme aufbereitet.

Herstellen und Einbringen des Leichtlehms

Gut aufgelockertes, vorjähriges Ballenstroh in die Lehmschlämme tauchen oder mit Schlämme bespritzen. Alle Halme müssen von der Schlämme benetzt sein. Dann 24 bis 48 Stunden mauken lassen.

Nach dem Mauken:

Ohne große Hohlräume in die Schalung festdrücken bzw. leicht stampfen	Sorgfältig in die Schalung stampfen

Dünnflüssige Lehmschlämme kann man mit jeder Art Zwangsmischer herstellen. Am besten und leichtesten geht es mit schnellaufenden Rührwerken wie Bohrmaschine mit Rührquirl, Putzmeister o. ä.

Spritzverfahren

Ob beim Spritzverfahren die Lehmbrühe mit der Gießkanne über das Stroh gegossen oder mit dem Putzmeister aufgespritzt wird; immer müssen Stroh und Brühe in dünnen Lagen abwechselnd auf Haufen von ca. 50 cm Höhe geschichtet und zum Mauken auf einen zweiten Haufen umgegabelt werden.

Tauchverfahren

Wir benutzen das Tauchverfahren und arbeiten in einem im Gelände angelegten Mischgraben. Will man nur kleinere Mengen ohne Maschineneinsatz mischen, kann man statt des Grabens auch eine Kalkwanne verwenden.

Anlage des Mischgrabens

Einen Graben von ca. 30 cm Tiefe, 80 cm Breite und ca. 4 m Länge ausheben und ringsherum die Arbeitsflächen mit Bohlen auslegen. Mit der dünnflüssigen, in der Mischmaschine gemischten Lehmschlämme den Mischgraben zur Hälfte füllen.

Bei der ersten Füllung wird mehr Mischung benötigt als später, weil der Lehm zuerst den Graben auskleidet und abdichtet.
Ballenstroh auflockern und ...

... bis zur Oberkante des Mischgrabens verteilen und mit Gummistiefeln untertreten.

Mit der Mistgabel sofort herausnehmen und auf ca. 50 cm hohen Haufen mindestens 24 Stunden mauken lassen. Maukhaufen immer mit einer Plane abdecken!

Tauchverfahren mit Maschineneinsatz

Bei größeren Mengen ist das Untertreten des Strohs recht mühsam. Wir haben uns darum überlegt, mit welcher uns zur Verfügung stehenden Maschine die Arbeit erleichtert und beschleunigt werden kann. Der Nachteil unserer Methode ist, daß die Konsistenz der Lehmschlämme nicht genau nach Rezept zu dosieren ist. Es ist jedoch eine Frage des Gefühls und der Erfahrung, die auch angelernte Kräfte nach kurzer Zeit beherrschen. Geringfügige Unterschiede in der Konsistenz der Mischung werden durch das Mauken ausgeglichen.
Wir benutzen einen Traktorbagger, den wir mit einer Längsseite in den Mischgraben stellen. Mit der Hydraulik wird das Hinterrad im Graben soweit angehoben, daß es ungefähr 1 bis 3 cm in der Luft steht.

Trockener Lehm wird unter Hinzugabe von Wasser in die Grube geschippt. Läßt man den Motor des Baggers laufen und legt einen Gang ein, so dreht sich nur das in der Luft stehende große Hinterrad und arbeitet langsam wie ein Mühlrad den Lehm zu einer dünnen Schlämme durch.

Hält man hinter das laufende Rad aufgelockertes Ballenstroh, so wird es von der aufsprudelnden Lehmschlämme vollständig umspült und kann auf einen Haufen zum Mauken geworfen werden.
Maukhaufen nicht zu hoch anlegen.

Hat man das Mischungsverhältnis und die Konsistenz im Griff, so kann ein Mitarbeiter die Lehmschlämme kontinuierlich bereiten, während ein zweiter das Stroh taucht. Pro Tag können zwei eingearbeitete Leute (bei ca. 15 l Dieselverbrauch) 10 bis 15 m³ Leichtlehm herstellen.

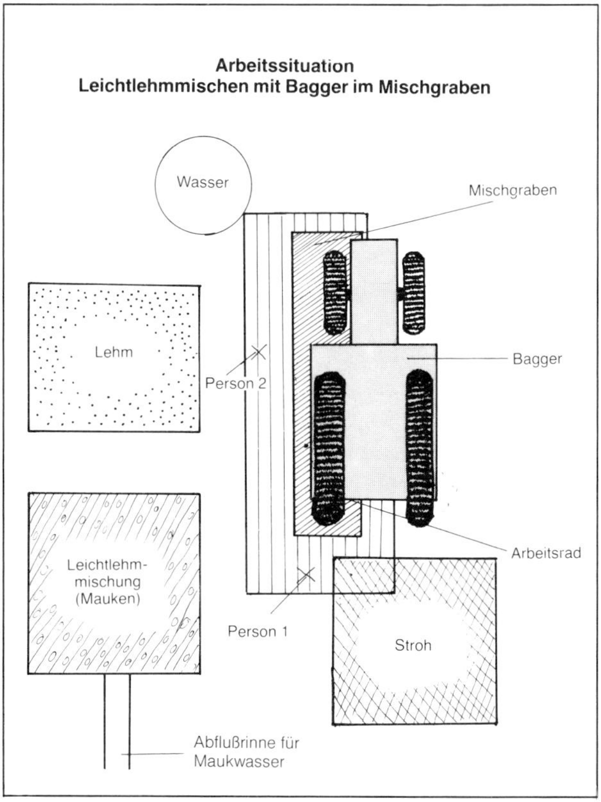

Mauken

Den angemischten Leichtlehm läßt man in Haufen von ca. 60 cm Höhe 24 bis 48 Stunden ruhen. Hierbei nehmen die Faserstoffe einen Teil der Feuchtigkeit auf, und das überschüssige Wasser fließt ab. Diesen Vorgang nennt man mauken.

Um das Material vor Sonne und Regen zu schützen, werden die Maukhaufen mit Planen abgedeckt. Werden die Maukhaufen auf der bloßen Erde angesetzt, sollte man eine Ablaufrinne für das Wasser schaffen, damit man beim späteren Aufnehmen des Materials nicht im Schlamm versinkt.

Einbringen des Leichtlehms

Für die isolierende Vorsatzschale wird der schwere, d. h. der mit lehmhaltigerer Schlämme angesetzte Leichtlehm verarbeitet. Für Dachschrägenisolierung, hinterlüftete Ziegelausmauerungen und Neuausfachung mit Innenschale wird der leichtere, d. h. der mit dünnerer Schlämme angesetzte Leichtlehm verwendet (s. S. 83).

Leichtlehm trocknet langsam. Wenn er aufgrund ungünstiger Witterungsbedingungen und besonders großer Wandstärke nicht schnell genug abtrocknen kann, könnte es zu Oberflächenschimmel und Pilzbefall kommen. Dies ist im Prinzip unerheblich, weil die Sporen nach der vollständigen Austrocknung verschwinden. Trotzdem sollten Leichtlehmarbeiten schon vor dem Sommer begonnen und nicht in den Herbst hinein ausgeführt werden. Außerdem ist der Bau immer besonders gut zu lüften und, wenn es die Witterungslage erfordert, zu heizen.

Vorbehandlung der bestehenden Fachwerkwand

Bevor die wärmeisolierende Innenschale vor die vorhandene Wand gestellt werden kann, müssen alle Putze und Anstriche, die weniger dampfdurchlässig als die Strohlehmausfachung sind, entfernt werden.

Alte Lehmputze müssen nur dort abgeklopft werden, wo sie nicht mehr mit den Balken oder Gefachen verbunden sind. Bei unverputzten oder durch Abklopfen freigelegten Fachwerkwänden werden etwa vorhandene Schwund- und Setzrisse an den Gefachanschlüssen mit Putzlehm geschlossen (s. S. 68). Wegen der Stärke der Innenschale sind Putzträgergewebe auf freiliegenden Balken nicht erforderlich.

Der gut gemaukte Leichtlehm wird mit einer Ständerkonstruktion im Fachwerk verankert und mit Hilfe einer Schalung verarbeitet.

Verbinden von Vorsatzschale und Wand

Zwei Verfahren stehen zur Auswahl: das aufbauende Einschalen und die Verwendung eines verlorenen Spaliers.

Der Holzverbrauch ist bei beiden Methoden in etwa der gleiche. Die Verwendung eines verlorenen Spaliers erfordert allerdings einen vollflächigen Putzträger. Als Ständerholz sind starke Dachlatten (4 x 6 cm) für Innenschalen von 20 cm Stärke ausreichend. Die Verbindung von Vorsatzschale und Fachwerk ist sehr wichtig und muß an jedem Ständer an drei Punkten erfolgen. Als Querverbindungen können Schieferlatten (28 x 40 mm) oder Stangenholz verwendet werden. Es eignen sich auch Rest- und Abfallstücke, wenn sie jeweils länger als der Abstand der Ständerlatten voneinander sind.

Befestigung der Ständerlatten am Fachwerk

Kleine Lattenstücke werden als Distanzhalter und Befestigung zwischen Fachwerkständer und die an der Außenseite der Vorsatzschale sitzende Ständerlatte genagelt.
Den entsprechenden Abstand an der alten Wand messen, und die Distanzhölzer an die Ständerlatten nageln.

In die Ausfachung direkt am Ständer gerade so große längliche Löcher schlagen, daß die Lattenstücke gut und haltbar angenagelt oder geschraubt werden können. Ständerlatten ausloten und Distanzhölzchen am Fachwerkständer befestigen.

Lebendige Oberflächenstruktur eines handverriebenen Lehmputzes mit erhöhtem Strohanteil.

Bevor die Innenschale vor die bestehende Fachwerkwand gesetzt wird, müssen alle lockeren Teile entfernt und alle Ritzen und Spalten sorgfältig mit Gefach- oder Putzlehm geschlossen werden.

Aufbauendes Einschalen

Wanderschalung

Genormte Fertigteile sind in einem alten Fachwerkhaus immer schwierig zu verwenden, dies gilt für Türen und Fenster ebenso wie für Wanderschalungen, die auf maßgenaue Abstände, gerade Flächen und übliche Raumhöhen abgestimmt sind. Meist dauert dann der Einbau länger als wenn man mit Brettern und Kanthölzern, die relativ schnell passend gesägt sind, einschalt.

Bevor man eine Innenschale genau rechtwinklig, gerade und lotgerecht in den Raum eines alten, mit der Zeit vielleicht ein wenig windschief gewordenen Hauses einbaut, sollte man überlegen, ob nicht gerade ein Teil seines Charmes in gewissen Unebenheiten und Unregelmäßigkeiten besteht, an denen das lange Leben und die Eigenheiten des Hauses sichtbar bleiben.

Mit der Vorsatzschale können Unebenheiten in der Wand ausgeglichen werden. Allerdings sollte die Innenschale an keiner Stelle dünner als 10 cm und stärker als 25 cm werden.

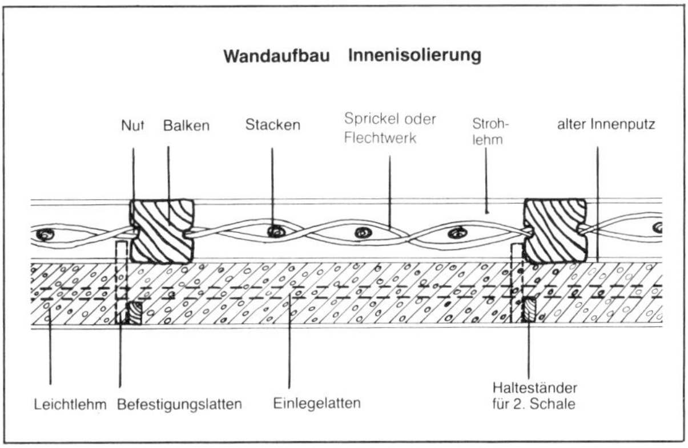

Die Schalungsbretter werden zwischen die Ständerlatte der Vorsatzschale und einen Schalungsständer (der nach dem Ausschalen wieder entfernt wird) eingeschoben. Schalungsständer an Decke und Boden mit je zwei Keilen stabil befestigen.

Jeweils drei oder vier Schalungsbretter einschieben. Den Leichtlehm mit der Forke einbringen und je nach Mischung festdrükken oder stampfen.
Alle 20 bis 25 cm hinter den Ständer der Vorsatzschale eine Querlatte einschieben und mit Leichtlehm gegen die Außenschale verkeilen. Die Querlatten werden nur eingelegt (und nicht genagelt), damit mitten in der Wand keine Setzrisse entstehen.
Ganz oben mit der Hand zuwerfen und mit einem Lattenstück verdichten.

Nachdem man oben angelangt ist, kann man bei schwerer Mischung sofort ausschalen. Leichte Mischung besser über Nacht eingeschalt lassen. Eventuell nach dem Austrocknen auftretende Setzrisse an der Oberkante der Wand können problemlos mit Gefach- oder Putzlehmmischung zugestopft werden.

Spalierschalung

Der Vorteil des Spaliers liegt auf der Hand: die Arbeit des Einschalens und die Anschaffung von Schalbrettern entfällt. Andererseits ist die Oberfläche, wenn der Leichtlehm eingebracht ist, nicht so ordentlich wie bei einer Schalung (die Spalierlatten stehen vor, der Leichtlehm beult sich etwas dazwischen).

Sofort nach dem Einbringen des Leichtlehms wird ein großmaschiger Putzträger, wie verzinkter Kaninchen- oder Rabitzdraht, vollflächig angebracht, den man später mit dem Verputz hinterwirft.

Spalier eignet sich gerade bei alten Fachwerkhäusern besonders gut für die Isolierung der Dachschräge. Denn Dachschrägen werfen wegen der meist unterschiedlichen Sparrenabstände (und zusätzlich häufig im Kniestockbereich) bei Schalungen einige Probleme auf. Die Ständerlatten werden (weil die waagerechten Spalierlatten davor sitzen) direkt an die Fachwerkbalken genagelt. Je nach gewünschter Innenwandstärke nagelt man ein oder zwei Latten oder eine Latte und ein Brett an den Balken (s. Zeichnung). Jeweils zwei oder drei Spalierlatten werden im Abstand von ca. 25 cm an die Ständerlatten genagelt und verfüllt.

Neuausfachung und Wärmeisolierung in einem Arbeitsgang

Sind die alten Gefache an einer ganzen Hausseite zu schlecht, d. h. weder mit Reparaturen noch mit neuem Verputz zu retten oder sind die Gefache nicht mit Strohlehm oder Lehmsteinen ausgefüllt, so kann die erforderliche Neuausfachung in einem Arbeitsgang mit der inneren Isolierschale erfolgen.

Das freigelegte Fachwerk verschalt man von außen und versieht es dann von innen mit dem Ständerwerk der Vorsatzschale. Der Leichtlehm wird dann (wie beschrieben) eingebracht, nur daß er in diesem Fall von innen bis auf Putzstärke an die Außenseite des Gefachs gestampft wird. Bei dieser schnellen Ausfachung ist nur der Anschluß unterhalb der Riegel ein wenig problematisch. Der Spalt, der sich hier ergibt, läßt sich aber gleich nach dem Ausschalen von außen gut zufüllen.

Fachwerkwand, hergerichtet für Leichtlehmausfachung, kurz vor dem Einschalen.

Fertige Wand von außen.

Einschalen der Gefache

Pappe oder Bretter werden von außen so über das Gefach genagelt, daß sie dem Stampfdruck standhalten und trotzdem leicht wieder zu entfernen sind.

Leicht zu bearbeitendes Material, wie z. B. Styropor, wird in Putzstärke (2 cm) ins Gefach eingepaßt …

… und von innen vollflächig an die äußere Schalung gelegt. Dann an der Innenseite einschalen oder Spalier anbringen und mit Leichtlehm zufüllen.

Dachisolierung

Die Isolierung mit Leichtlehm ist aus den bereits genannten bauphysikalischen Gründen besser als jede andere Form der Dachschrägenisolierung. (Vor den Arbeiten prüfen, ob die Sparren die zusätzlichen Lasten tragen können!)
Dachschrägen werden gegen Flugschnee und Wind mit dampfdurchlässiger Preßpappe isoliert und die Ziegel auf Konterlattung eingedeckt.
Bevor man das gesamte Dach eines Hauses ausbaut, sollte man überlegen, ob der zusätzliche Wohnraum wirklich erforderlich ist oder ob nicht vielmehr auch Speicherraum benötigt wird. Es ist oft sinnvoller, nur an den Giebeln einzelne Zimmer einzubauen. Bei steilen Dächern sollte man nicht weiter als bis zum Kehlbalken und nie über den Hahnbalken hinaus das Dach ausbauen.

In der Dachschräge wird das Spalier direkt auf den Sparren genagelt. Wenn die Isolierung nicht ausreicht oder die Sparren zu weit vor- und zurückspringen wird mit einer Längslatte oder einer Latte und einem Brett ausgeglichen bzw. aufgedoppelt.

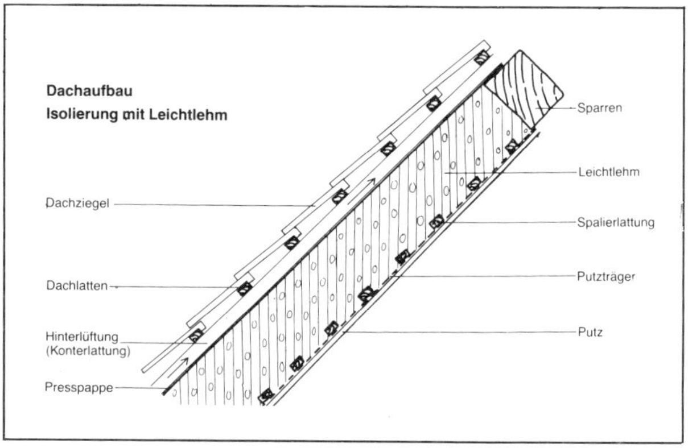

Leichtlehm zwischen Pappe und Spalier einbringen und leicht feststampfen.

Sofort nach dem Einbringen des Leichtlehms wird an geraden und schrägen Flächen der grobmaschige Putzträger an jede Spalierlatte im Abstand von ca. 25 cm angetackert.
Hierbei wird, vor allem in der Schräge, aus dem Spalier heraushängendes Stroh angedrückt und kann sich, weil der Lehm noch feucht ist, wieder verbinden.

8 Geschoßdecken

Wie für Fachwerkaußenwände und für Isolierwände, ist auch für Geschoßdecken, die im Fachwerkhaus immer Holzdecken sind (oder sein sollten), Lehm der am besten geeignete Baustoff. Er wird in zweifacher Weise verwendet:

einmal als gestampftes oder loses Füllmaterial zwischen den Holzbalken; zum anderen als Putz von der Unterseite der Decken.

In beiden Fällen gelten die bereits mehrfach genannten bauphysikalischen Vorteile des Baustoffs Lehm, seine holzkonservierende Wirkung, sein gutes Brandverhalten und seine Wärmespeicherfähigkeit. Hinzu kommt, daß Lehm, wie jedes schwere Material, schallisolierend wirkt.

Durch die Zumischung von Faserstoffen kann das Trockengewicht des Lehms von 2000 bis 400 kg/m³ variiert werden (s. S. 79). Als Füllstoff ist Lehm darum immer geeignet, unabhängig davon, welche Deckenlasten aufgrund der Balkenquerschnitte statisch vertretbar sind. Im Rahmen des statisch Möglichen kann man sich (wie auch bei Ausfachungen) für mehr Wärmeisolierung, d.h. mehr Faserstoffe oder für mehr Schallisolierung und Wärmespeicherung entscheiden.

Einschubböden

Um den Lehmschlag in die Geschoßdecken einbringen zu können, wird eine Verlorene Brettschalung (Einschubböden) zwischen die Deckenbalken gebracht.

In alten Fachwerkhäusern sind die Deckenbalken hierfür meist mit Kerben versehen, in die Bretter oder gebeilte Hölzer gekeilt wurden.

Eine einfachere Methode, die erst nach dem Einbau der Deckenbalken erfolgt, ist, Dachlatten seitlich an die Balken zu nageln und die Füllhölzer darauf zu legen.

Die Lage der Dachlatten am Balken entscheidet darüber, wieviel vom verputzten oder unverputzten Deckenbalken nach Fertigstellung der Decke sichtbar bleibt.

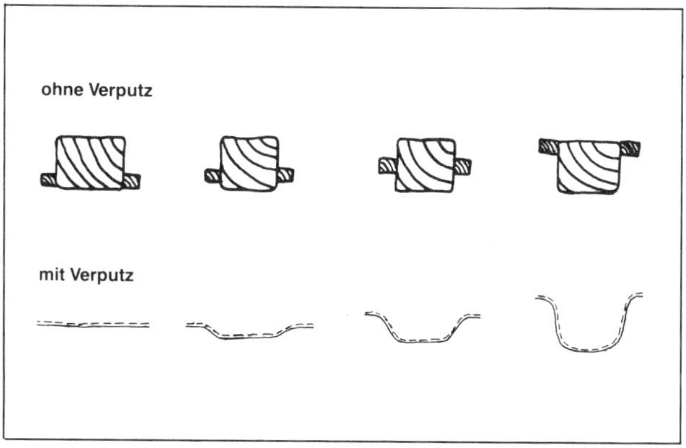

Hier sind die Deckenbalken, obwohl verputzt, in der ganzen Höhe sichtbar. Die Latten liegen obendrauf.

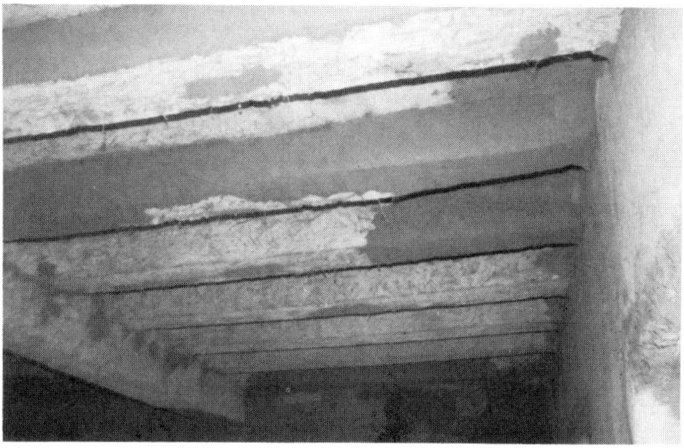

Hier wurden die Latten ca. 2 cm oberhalb Unterkante-Balken angenagelt. Durch das schräge Anputzen der Latten wirkt der Deckenbalken nach dem fertigen Verputz wesentlich breiter als er ist.

Sichtbare Holzbalkendecken

Bei unverputzten Decken können entweder gebeilte Hölzer …

… oder Bretter zwischen oder auf die Holzbalken genagelt oder gelegt werden.

Holz für Einschubböden

Bei verputzten oder zwischen Balken verputzten Decken ist die Wahl des Holzes für die Einschubböden abhängig sowohl vom Preis (am günstigsten sind Schwarten) als auch von der Haltbarkeit (am dauerhaftesten ist natürlich Eiche). Das Holz, das bei verputzten Decken oben vom Lehmschlag und unten vom Verputz umschlossen wird, ist durch den Lehm konserviert, darum kann man hier auf besondere Holzschutzmaßnahmen verzichten. Bei offenen Holzbalkendecken müssen die Füllhölzer, besonders wenn sie aus Weichholz wie z. B. Rauhspund, Dielenbrettern oder (besäumten) Schwarten bestehen, mit Holzschutz behandelt werden. Das Holzschutzmittel kann gleich in der Farbe gewählt werden, die später sichtbar bleiben soll, dies spart einen mühsamen Arbeitsgang.

Gebeilte Hölzer

Gebeilte Hölzer werden wie Staken gespalten (s. S. 57). Sie müssen aber nicht so sorgfältig und glatt gebeilt werden, auch rauh ergibt sich eine reizvolle Deckenunteransicht. Die Spaller werden aus ca. 18 bis 20 cm dicken Ästen gespalten; bei dieser Stärke kann man die Äste gut achteln. Gebeilte Deckenhölzer sehen dunkel gebeizt besonders schön aus (s. Abb. S. 108). Auch das Beizen sollte vor dem Einbringen der Hölzer in die Decke erfolgen.

Anbringen der Auflagelatten

Die Auflagelatten werden immer vom Gerüst aus, d. h. von unten an die Deckenbalken genagelt.
Bei verputzten Balken wird durch die unten angebrachten Latten der Balken optisch verbreitert, die Decke wirkt »wertvoller«. Bei unverputzten Deckenbalken ist es nicht gut, die

Latten unmittelbar unten an die Balken zu nageln, da immer ein sichtbarer Spalt zwischen Balken und Latte vorhanden sein wird und stört. Nur bei sehr hohen Räumen und sehr dunklen Balken und Latten fällt dies nicht mehr auf.

Abmessen und Einbringen der Deckenhölzer

Auch wenn die alten Kerben verwendet werden können (Spaller müssen dann an den Enden flach gebeilt werden), sollte man eine Dachlatte an der Unterkante der Nut annageln, da in geheizten Räumen neues Holz erheblich schwindet. Die Spaller und Bretter (ob in Kerbe oder auf Latte gelegt), sehr sorgfältig ausmessen, damit sie eine gute Auflage haben. Sie sollten auf jeder Seite nicht mehr als 0,2 cm Luft haben.

Einbringen des Strohlehms

Die Einschubböden werden bis zur Balkenoberkante mit Strohlehm aufgefüllt. Der Strohlehmschlag sollte zwischen 10 und 15 cm betragen. Sind die Balken höher oder muß mehr aufgefüllt oder ausgeglichen werden, so füllt man den Rest mit Holzkalkestrich auf.

Je schwerer das Deckenmaterial ist, desto besser die Körperschallisolierung und Wärmespeicherfähigkeit.

Je mehr Faserstoffe, desto mehr Wärmeschutz.

Die Abwägung zwischen diesen beiden Möglichkeiten muß natürlich unter Berücksichtigung der Tragfähigkeit der Decken erfolgen. Bei Fachwerkbauten, die über einhundertfünfzig Jahre alt sind, können in der Regel 10 bis 15 cm Strohlehm ohne Bedenken eingebracht werden.

Deckenaufbau

Deckenaufbau Holz-Lehm-Decke mit Wellerhölzern

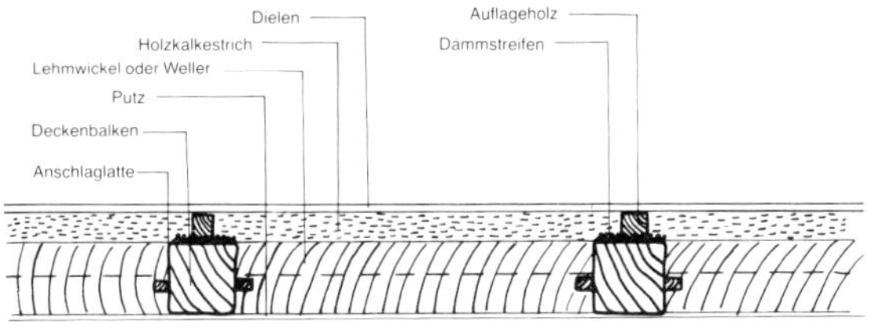

Lehmmischung

Die Lehmmischung für Geschoßdecken sollte so trocken wie möglich eingebracht werden: Ungehäckseltes Stroh und ausreichend gemagerter Lehm (Gefachlehm) werden mit der Gartenfräse gemischt. Die Mischung muß sofort verarbeitet werden, weil sie erdfeucht sehr schnell abtrocknet und hart wird.

Oberste Geschoßdecke

Für die Anfertigung der obersten Geschoßdecke hat die Wärmeisolierung vor der Schallübertragung Vorrang. Es können bis zu sieben Ballen Preßstroh auf 1 m³ Lehm eingearbeitet werden. Ein Boden dieser Art ist, wenn er mit der Latte abgezogen und glattgerieben wird, gut begehbar. Er sollte nicht vollflächig mit Holzdielen oder Spanplatten abgedeckt werden, weil damit die Dampfdiffusion eingeschränkt würde.

Lehmschlag mit der Flachschippe glattklopfen.

Mit der Latte über Abziehlehren geradeziehen.

Die Oberfläche mit einem Rechen löchern – der Lehmschlag trocknet schneller, weil die Oberfläche erheblich vergrößert wird.

Holzkalkestrich

Holzkalkestrich ist wesentlich leichter als Lehm, hilft damit Deckengewicht sparen und wird fester als Leichtlehm, trocknet ohne Schwundrisse, unabhängig davon, wie unterschiedlich dick er auch aufgetragen wird. Er eignet sich darum vor allem zum Ausgleichen in alten Häusern. Er ist weich und federnd und damit sehr gut als Trittschalldämmung geeignet.
Latten für spätere Dielung können schwimmend eingelegt werden. Spanplatten direkt auflegen und mit Nut und Feder verleimen.

Rezept:

leichte Deckenfüllung

Holzkalkestrich

4 Teile Sägespäne
1 Teil Sand (Korngröße 0–4 mm)
1 Teil Sumpfkalk

Kalk mit wenig Wasser im Zwangsmischer mit Sand mischen, dann Sägespäne zumischen.

Konsistenz der fertigen Mischung: erdfeucht

Am besten eignen sich Fichtenspäne.
Keine Hobelspäne, kein zu feines Sägemehl, weder Lärche noch Eiche verwenden.

Holzkalkestrich mit wenig Wasser erdfeucht im Trommelmischer anrühren …

… einbringen, auswiegen und mit der Schippe auf dem Lehmschlag anklopfen.

Danach mit Latte oder Richtscheit abziehen, und mit Reibebrett die Oberfläche verdichten.

Verputzen der Decken
Befestigung des Putzträgers, bei großem Balkenabstand.

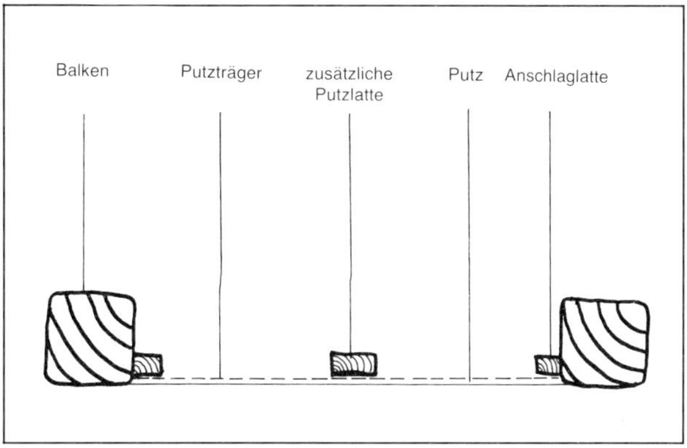

Um die Deckenunterseiten zu verputzen, wird das Holz mit Putzträgern überspannt. Sie müssen an Decken besonders sorgfältig angebracht werden, damit sie sich nicht durch das Gewicht des Putzes wieder lösen (schräg nageln oder schrauben!) Als Putzträger verwenden wir Rohrmatten, die – je nach Unteransicht der Decke – an die Auflagelatten für die Einschubböden genagelt werden. Die Fasern der Rohrmatten müssen quer zur Balkenrichtung laufen (dies gilt natürlich nicht bei umputzten Balken, bei denen es auf saubere Kehlen und Kanten ankommt).
Ist der Balkenabstand so groß, daß der Putzträger sich unter dem Gewicht des Putzes herunterbeulen könnte, so werden zusätzliche Trägerlatten unter die Füllhölzer genagelt oder geschraubt.
Decken werden wie Innenwände verputzt (s. S. 119).

Wellerdecken

Das Anbringen von Putzträgern zwischen den Balken entfällt, wenn statt der Bretter oder Spaller Wellerhölzer als Füllböden verwendet werden. Knüppelholz, das man wie für Staken und Spaller beilt, wird mit Stroh und Lehm umwikkelt und feucht in die Decke eingebracht.
Wellerholzdecken sind vielerorts noch bis nach dem Kriege auch in massive Steinbauten eingebaut worden. Sie sind relativ arbeitsintensiv, aber sehr preisgünstig und auch für Laien gut zu verputzen, darum sind sie für den Selbstbau hervorragend geeignet.

Für Wellerdecken werden die Tragelatten mit ihrer Auflagefläche ungefähr 5 bis 10 cm von Unterkante Balken angebracht.

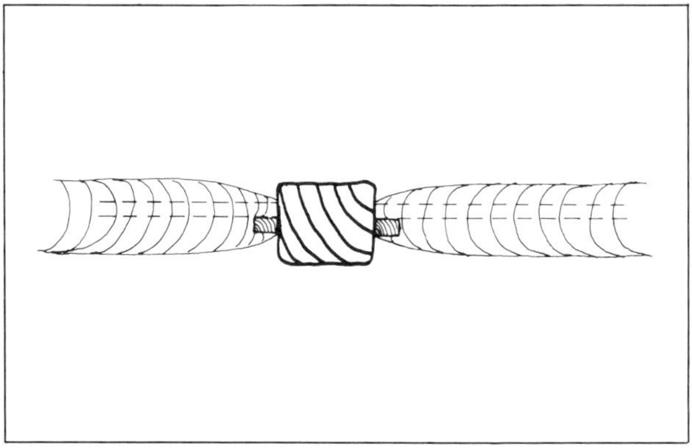

Danach in jedes Deckenfeld die Wellerstaken im Abstand von 15 cm einpassen. Die Staken einzeln herausnehmen, wickeln und naß gleich wieder einbauen.

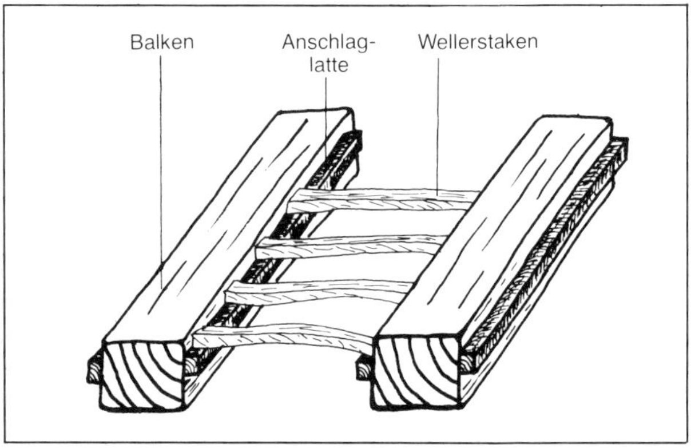

Wickeln der Lehmweller

Auf den Wickeltisch soll (zum Körper hin) eine Dachlatte hochkant aufgenagelt werden. Im Abstand der Stakenbreite wird links und rechts je eine Dachlatte flach aufgenagelt, so daß man die Stakenenden auf ihnen abrollen kann.

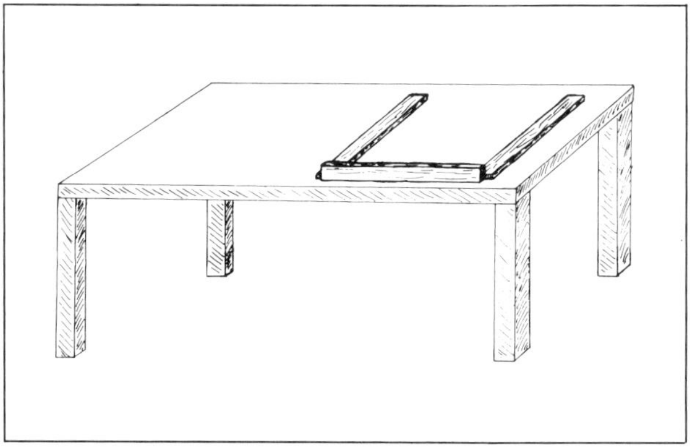

Verputzte Wellerholzdecke mit sichtbaren Eichenbalken – mit behauenen Sandsteinen ausgemauerte Fachwerkinnenwand (Erdgeschoß Wetterburg, Nordhessen).

Decke mit Einschubböden aus gebeilten Eichenspallern; vor und nach der Behandlung mit dunkler Beize.
Oben: Lehmverputzte Gefache vor dem Anstrich.

Stroh zwischen die Führungslatten auf den Tisch legen, daß es ca. 10 cm über der Kopflatte übersteht.

Die entstandene Kehle an der Kopflatte mit Lehm anfüllen und das Stakenholz mit Lehm einreiben.

Das Stakenholz in das Stroh einschlagen und über die Führungslatten in das Stroh einrollen. Wenn nötig, nochmal einen Lehmstreifen dazugeben.
Es läßt sich mit Langstroh wie auch mit aufgelockertem Ballenstroh (das wie ein Teppich auf dem Tisch ausgebreitet wird) gleichermaßen wickeln.

Unverputzte Wellerholzdecke im Speichergebäude des ehemaligen Rathauses von Diemelstadt-Wethen (Nordhessen).

Wenn das Stroh aufgerollt ist, den fertigen Weller mit Lehm glattstreichen.

Den nassen Weller sofort einbauen, und von unten die Hohlräume gleich mit Strohlehm zufüllen und glattstreichen.

Nach dem Antrocknen kann von oben mit Lehmschlag oder Holzkalkestrich weitergearbeitet werden.

9 Verputz

Sichtbare Holzbalken im Fachwerkhaus

Fassade

Putz, d. h. die aus Lehm-, Kalk-, Kunststoff- oder Zementmörtel bestehende Außenhaut der Fassaden und Innenwände, ist nicht nur Schutz, sondern immer auch eine Frage des Geschmacks und damit der Mode unterworfen. Ländliche Fachwerkhäuser mit sichtbaren Holzbalken und glatt verputzten Gefachen gelten heute wieder als schön. Das war durchaus nicht immer so. In der Zeit nach dem letzten Krieg war fast jede nagelbare Fassade mit Eternit oder Teerpappenschindeln verkleidet. Es gab aber auch schon frühere Jahrhunderte, in denen man Fachwerkbauten nicht schätzte, so daß viele Häuser, obwohl als Holzständerkonstruktion erbaut, vollflächig verputzt wurden. Diese Häuser sollten auch heute ganz verputzt bleiben, schon allein deshalb, weil die tiefen, als Putzträger dienenden Kerben in den Holzbalken der Fassade ein merkwürdiges Aussehen gäben, ein Zuspachteln aber dem Holz schadete. Bei allen anderen Fachwerkbauten bleiben außen (wenn man einmal von der Verschalung von Wetterecken und Giebeln absieht) die Holzbalken sichtbar, und nur die Gefache werden glatt verputzt.

Innenräume

Auch im Inneren eines Hauses sind freigelegte oder verputzte Holzbalken an Decken und Wänden weitgehend Geschmacksache. Allerdings wirken Räume meist dann am schönsten, wenn sie ihren ursprünglichen Charakter behalten. Wohnräume in Fachwerkhäusern waren meist nicht nur klein, sondern auch recht niedrig, verputzte Deckenbalken und glatt geputzte Wände waren die Regel. In Scheunen und hohen Wohndielen hingegen waren dunkle, unverputzte Holzdecken und sichtbares Fachwerk durchaus üblich.

Vom bauphysikalischen Standpunkt aus gesehen ist es ohne Belang, ob vollflächig verputzt wird oder ob die Balken freibleiben. Wichtig ist nur, daß die Baustoffe richtig gewählt und die Arbeiten handwerklich sauber ausgeführt werden.

Putzaufbau für innen und außen

Für alle Putze (unabhängig vom Material) gilt, daß sie vom Wandinneren nach außen, d. h. auf beiden Seiten von innen nach außen, magerer oder weicher werden und immer weniger hart als die Wand sind. Technisch ausgedrückt heißt das: Wegen in der Wand auftretender Druckspannungen muß der Putz (damit keine Spannungsrisse entstehen) eine höhere Biegefestigkeit als die Wand haben. Putzmörtel muß weniger Bindemittel enthalten als Mauermörtel, und auf keinen Fall darf der Oberputz eine höhere Festigkeit besitzen als die darunterliegenden Schichten.

Nur Lehm- oder Kalkputz verwenden!

Der Außenputz auf nicht abgesperrtem Lehmfachwerk muß darüber hinaus sehr dampfdurchlässig sein, um besonders in der kalten Jahreszeit dem von innen kommenden Dampfdruck keinen Widerstand entgegenzusetzen, was zum Abplatzen führen würde. Das heißt, daß als Putzmaterial für mit dem weichen Baustoff Lehm ausgefachte Holzkonstruktionen nur Lehm und Kalk in Frage kommen.

Putzmaterial Kalk

Der Hauptvorteil des Kalks ist seine größere Witterungsbeständigkeit. Da er ein dampfdurchlässiger Baustoff ist, der auch sehr mager gemischt haltbar ist, erfüllt er die bauphysikalischen Forderungen an Putz auf Lehmausfachungen und -mauern. Weil er aber mit dem Lehm keine chemische Verbindung eingeht, sondern vielmehr ausflockt (s. S. 22) bedarf es einer mechanischen Aufhängung oder eines Putzträgers, um den Kalkputz mit dem Gefachlehm zu verbinden.

Putzmaterial Lehm

Das in den vorangehenden Kapiteln über die Vor- und Nachteile des Baustoffs Lehm Gesagte gilt für Putze gleichermaßen. Auch Lehmputz muß gegen eindringende Feuchtigkeit geschützt werden. Kaseinzusätze und Kalk-Kasein-Anstriche reichen, wenn die Anstriche alle 3 bis 5 Jahre wiederholt werden, als Witterungsschutz aus. In Feuchträumen und an der Hauptwetterseite bevorzugen wir (wegen der erhöhten Witterungsbeständigkeit des Kalks) allerdings einen Kalkmörtel. In allen anderen Fällen überwiegen die Vorteile des Lehms, der ebenso schnell, ebenso sauber und rißfrei verarbeitet werden kann wie Kalkputz. Wenn der Putz aus dem gleichen Material wie die Ausfachung besteht, sind Dampfdiffusion und Wassertransportvermögen bei Putz und Gefachen in etwa gleich, außerdem benötigt man weder ein zusätzliches Bindemittel (wie Kalk oder Zement) noch einen Haftgrund oder eine Haftbrücke (wie Putzträgerdraht oder chemische Tiefengrundierungen), d. h. Lehmputz ist mit weniger Material- und Arbeitsaufwand herzustellen.

Auf kerntrockener Wand putzen

Auf Lehmgefachen und -wänden trägt man den Außenputz immer in zwei Lagen auf, die aus unterschiedlich gemagertem Ober- und Unterputz bestehen. Im Innenbereich wird über Putzträgermaterial zweilagig geputzt, sonst ist hier eine Putzlage ausreichend. Geputzt wird immer auf die kerntrockene Wand. Für 1 m² Putz sind bei einer Gesamtputzstärke von 1,5 bis 2 cm ca. zwei Eimer Putzmischung erforderlich.

Lehmputzmischung

Vom Ergebnis der Haftprobe ausgehend, ist für den Unterputz (der mit einem hohen Häckselanteil versetzt und damit zusätzlich gemagert wird) jeder Lehm geeignet, der noch haftet, auch wenn er sich etwas ablöst oder Schwundrisse zeigt. Der Oberputz muß vollflächig haften, da durch die Beimengung von Borsten oder Haaren zwar eine Armierung, aber kaum eine zusätzliche Magerung erfolgt.

Für Lehmputz benötigt man krümeligen oder eingesumpften Lehm, scharfen Sand in der Korngröße bis 4 mm, Häcksel, Haare oder Borsten und – zumindest im Außenbereich – Kuhdung.

Ergebnis der Haftprobe

Das nach der Haftprobe als »Gefachlehm« bezeichnete Lehm-Sandgemisch (Probe 2) muß für Putze zusätzlich gemagert werden; und zwar für den Oberputz mehr als für den Unterputz. Das als »Putzlehm« bezeichnete Lehm-Sandgemisch (Probe 3) kann ohne zusätzliche Magerung für Oberputz verwendet werden.

Rezept:

Putzmischung für einlagigen Lehmputz und Lehm-Unterputz

Lehmspeiß für Unterputz

1 Speißfaß	**gemagerter Lehm (Ergebnis Haftprobe 2)**
1 Eimer	**Sand (Korngröße 0–4 mm)**
½ Eimer	**Kuhdung (oder Ersatzstoffe)**
1 Speißfaß	**feingehäckseltes Stroh Halmlänge bis 3 cm**

Konsistenz der fertigen Mischung: kartoffelbrei-ähnlich

Für handverriebenen Innenputz kann der Speiß mit 1 ½ Faß Stroh angemischt werden.

Rezept:

Putzmischung für Lehm-Oberputz

Lehmspeiß für Oberputz

1 Speißfaß gemagerter Lehm (Haftprobe 2) oder **1 Speißfaß Putzlehm (Haftprobe 3)**

2 Eimer Sand (0–4 mm)

½ Eimer Kuhdung (oder Ersatzstoffe)

½ bis 1 Eimer entfettete Haare oder Borsten

Konsistenz der fertigen Mischung: kartoffelbrei-ähnlich

Verfilzte oder verklebte Haare auf hartem Untergrund mit einem Stock streufähig klopfen.

Für Kalkputz werden neben gelöschtem Kalk scharfer Sand, Estrichkies in der Korngröße bis 4 mm bzw. bis 7 mm und Borsten oder Haare verwendet. Sehr wichtig ist der Kaseinzusatz, z. B. Magerquark.

Kalkputzmischung

Der auf Lehmgefachen verwendete Kalkputz muß mager und dampfdurchlässig sein. Der im Handel üblicherweise als »Kalk« bezeichnete Putz- und Mauerbinder enthält Zement und ist darum zu hart. Weißkalk ist zwar Farbträger für Innenanstriche, aber kann den im Putz erforderlichen Sand nicht ausreichend binden, so daß zum Putzen nur Sumpf- oder Löschkalk in Frage kommt.

Je länger gebrannter und dann gelöschter Kalk eingesumpft wird, desto geschmeidiger wird er.

Vorsicht ätzend

Am besten ist Stückkalk, der über mehrere Jahre eingesumpft wird. Man kann ihn zu entsprechenden Preisen, ein bis zwei Jahre vorgesumpft, in Fässern kaufen. Für den normalen Hausbau ausreichend ist der in Säcken erhältliche Löschkalk, der so lange wie möglich sumpfen sollte.

Kalk löschen und einsumpfen

Ein Sack Löschkalk wird sehr langsam in ein Faß mit 170 l Wasser eingestreut. Am besten eignet sich ein altes (am oberen Rand) aufgeschnittenes Ölfaß. Die sich erwärmende, brodelnde Kalkbrühe wird ein paarmal mit einer Latte umgerührt und ist frühestens nach 48 Stunden verarbeitungsfähig und wird dann als »Sumpfkalk« bezeichnet. Die sich oben absetzende Wasserschicht verhindert, daß der Kalk vor der Verarbeitung abbindet. Schutzbrille tragen!

Rezept:

Putzmischung für ein- und zweilagige Kalkputze

Kalkspeiß für Unter- und Oberputz

Unterputz	Oberputz
3 Eimer Sand (0–2 mm)	**3 Eimer Sand (0–2 mm)**
3 Eimer Estrichkies (0–7 mm)	**3 Eimer Estrichkies (0–4 mm)**
1 Eimer Sumpfkalk	**1 Eimer Sumpfkalk**
250 g Magerquark	**250 g Magerquark**
¼ Eimer Haare oder Borsten	

Sumpfkalk und Quark mit wenig Wasser im Zwangsmischer verflüssigen, dann Sand und Kies dazumischen, zuletzt Haare oder Borsten einstreuen.

Konsistenz der fertigen Mischung:
dünner als Kartoffelbrei, trotzdem nicht fließend, aber leicht von der Kelle abrutschend

Für Spritzbewurf: »flüssige« Oberputzmischung verwenden: auf ½ Eimer Speiß ¼ Eimer Wasser (nur in kleinen Mengen dünn rühren).

Diese Putzmischung mag auf den ersten Blick überraschen, einmal ist sie besonders mager, zum anderen ist die Korngröße des zugemischten Sandes bzw. Kieses sehr groß und weicht damit vom heute Üblichen erheblich ab.

Nach altem Rezept

Mischungsverhältnis und Korngröße entsprechen aber durchaus alten, mit Haaren oder Borsten armierten Kalkputzen. Je größer das Korn, desto weniger Bindemittel werden benötigt, wenn für ausreichende Armierung gesorgt ist (s. S. 24). Heute arbeitet man ohne Armierung, dafür aber mit wesentlich stärkeren Bindemitteln, was die hier unerwünschten, härteren Putze bedingt. Je gröber die Bestandteile des Kalkputzes, desto schlechter kann er von Putz- und Spritzmaschinen, wie z. B. »Putzmeister« gepumpt werden, und desto stärker sind die Maschinen dem Verschleiß ausgesetzt.

Putzwerkzeug

Wie bei allen Putzarbeiten benötigt man Glättkelle, Reibebrett, Kellen, eine Latte zum Abziehen und einen Quast zum Vornässen. Hinzu kommt ein Reiserbesen oder Kratzkamm zur Aufrauhung des Unterputzes.

Für vollflächigen Putz wird zusätzlich eine Kartätsche benötigt, die man selbst schnell aus einem Brett und einer Dachlatte herstellen kann.
Im Fachwerkhaus sollte grundsätzlich freihand verputzt werden, d. h. Putzschienen sind nicht erforderlich.

Verputzen auf Gefachen

Gefache »beulenfrei« zu verputzen ist sowohl für den Fachmann als auch für den Laien relativ einfach. Es wird immer Gefach für Gefach von Balken zu Balken verputzt. Das versteht sich von selbst und scheint kaum der Erwähnung wert. Aber es wird leider auch von Fachleuten nur allzuoft falsch gemacht. An großflächigeres Verputzen gewöhnt, ist manch einer versucht, gerade und lotgerecht zu arbeiten, unabhängig davon, ob die Balken vor- oder zurückspringen, mal breiter, mal schmaler sind. Im schlimmsten Fall werden Bohlen als Putzlehren über die Balken genagelt. Entfernt man die Bohlen so steht der Putz mal 2, mal 6 cm vor. Abgesehen von der Häßlichkeit, führt das so in die Anschlußfuge und somit in die Balken eindringende Wasser relativ schnell zu ihrer Zerstörung.

Anschluß Holzbalken zu Gefach

Putzflächen müssen im Außenbereich an allen vier Gefachseiten mit den Balken abschließen, auch wenn sie in manchen Fällen dadurch buckelig werden. Springt das Gefach mehr als 2 cm vor, sollte man es abtragen oder neu mit Lehm ausfachen. Alle anderen Lösungen erzeugen Wasserstauflächen, und damit Feuchtigkeit, die in die Anschlußfuge eindringt und dem Holz schadet. Innen treten keine bautechnischen Probleme auf. Hier sollte der Putz an den Gefachseiten 2 bis 3 mm zurückspringen. Eine Schattenfuge verdeckt dann den Haarriß zwischen Balken und Gefach.

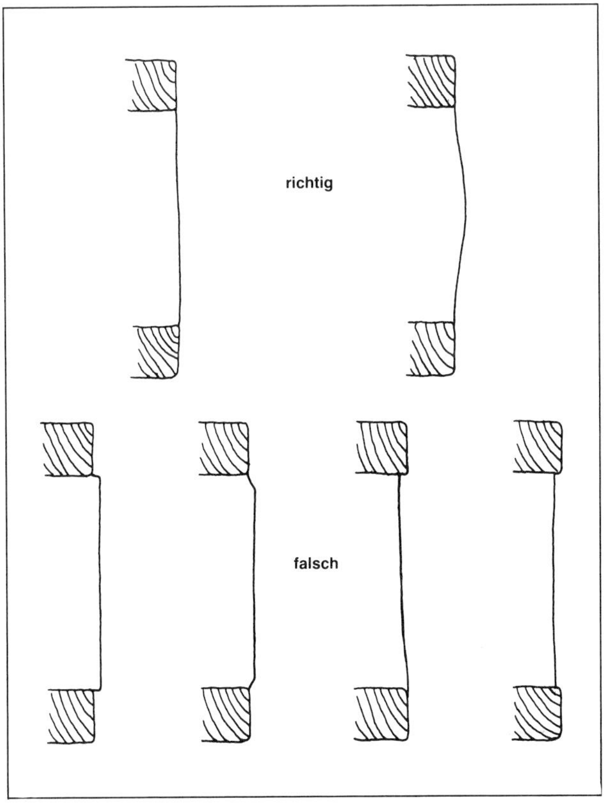

Ein- und zweilagiger Lehmputz

Die Putzschichten für den Ober- und Unterputz unterscheiden sich beim Lehm außer im Grad der Magerung durch Sand – auch in der Art und Menge der als Armierung wirkenden Faserstoffe. Der Unterputz ist durch den hohen Faseranteil in sich stabiler und haltbarer. Die relativ hohe Strohbeimengung gibt ihm eine fühlbar warme Oberfläche. Er eignet sich auch darum besonders gut als einlagiger Putz im Inneren des Hauses. Als Oberputz auf der Fassade, bei dem es vor allem auf Witterungsbeständigkeit ankommt, ist er weniger gut geeignet. An den Strohfasern bilden sich Kapillaren, wodurch Wasser im Inneren des Strohs eingelagert wird, was bei Frost durch Absprengung die Oberfläche zerstören kann. Darum beim Oberputz auf der Fassade nur feine Armierungen, wie z. B. Haare oder Borsten, verwenden.

Einlagiger Lehmputz

Das Gefach vor dem Verputzen mehrmals gut bis in die Ecken hinein vornässen.

Das Verputzen der Gefache beginnt immer an der kritischsten Stelle: Am Rand und in den Ecken.
Den Lehmspeiß mit Schwung an den Rand des Gefaches werfen und mit dem Glättbrett fest andrücken.

Dann die Mitte anwerfen und wie den Rand mit dem Glättbrett andrücken.

Mit der Latte über die Balken abziehen, d. h. durch Hin- und Herbewegen der Latte den Putz fest andrücken und überschüssiges Material abscheren.

Mit der Glättkelle glattziehen (abglätten) und noch bestehende Löcher mit neuem Material ausfüllen.

Mit der Glättkelle sehr sorgfältig den Speiß von den Balken abschaben. Die Balken dürfen auch nicht stellenweise überputzt werden, auch dann nicht, wenn sie Unebenheiten aufweisen.

Mit dem Schwamm nachwaschen, damit die Kante zwischen Gefach und Holz genau sichtbar wird. Auch Lehmspeiß geht besser ab, wenn er noch feucht ist; außerdem wird so die Kante sichtbar, bis zu der im nächsten Gang der Putz gerieben werden muß.

Nach ein bis zwei Stunden Antrokkenzeit die Oberfläche mit dem Reibebrett verdichten. Mit kreisenden Bewegungen wird über die ganze Fläche gerieben. Besonders wichtig sind die Ecken und die umlaufende Kante (Beistrich), damit hier die Fugen so wenig wie möglich reißen.

Lehmunterputz für zweilagigen Lehmputz

Als Unterputz wird Lehmputz 1 mit allen Arbeitsschritten wie einlagiger Putz verarbeitet. Der einzige Unterschied besteht darin, daß die Putzschicht dünner aufgetragen wird und ungefähr 0,5 cm hinter die Balkenkante zurückspringt. Das Abziehen mit der Latte über die Balken muß darum entfallen. Statt dessen wird die Oberfläche gleich mit dem Reibebrett verdichtet. Da man eine zweite Putzschicht aufträgt, könnte man versucht sein, beim Unterputz nicht so sauber und genau zu arbeiten und weniger stark zu verdichten. Je besser aber gerade auch die Ecken und Kanten verdichtet sind, desto haltbarer ist der Putz insgesamt.

Mechanische Putzhaftung

Damit der Oberputz später auf dem glatt geriebenen Unterputz besser haftet, wird die Oberfläche mit einem Straßenbesen (früher Reiserbesen) schräg von oben gestippt …

… oder mit dem Kratzkamm aufgerauht (s. S. 135). Außer der besseren Putzhaftung kann man hierdurch auch die Oberflächenspannung reduzieren, so daß auch bei nicht ganz ausreichend gemagerten Putzen nur kleinere oder gar keine Risse auftreten.

Lehmoberputz für zweilagigen Lehmputz

Der Oberputz wird mit Putzmischung 2 (s. S. 115) am folgenden Tag naß-in-naß auf den noch feuchten Unterputz gebracht. Der Oberputz ist dünner und enthält weniger Faserstoffe. Bei einer Stärke von nur 0,5 cm läßt er sich besonders gut aufbringen. Die Verarbeitung erfolgt in den bereits für einlagigen Putz beschriebenen Arbeitsschritten. Wenn die für den Oberputz als Armierung verwendeten Borsten oder Haare aus der Oberfläche herausragen, wirken sie selbst kapillar. Sie dürfen darum nicht zu starr sein. Sind sie fettig, so ziehen sie sich heraus, und die entstehenden Löcher wirken kapillar. Wir verwenden industriell gereinigte Schweineborsten, die weich und entfettet sind. Gewaschene Haare vom Friseur erfüllen den gleichen Zweck.

Haftbrücke für Kalkanstrich

In den noch feuchten Lehmoberputz wird spätestens am folgenden Tag eine Kalk-Kasein-Milch dünn aufgestrichen und mit dem Glättbrett eingerieben. Eventuell noch auftretende Putzrisse werden hierbei geschlossen, vor allem aber wirkt dies als Haftbrücke für den späteren Anstrich.

Rezept:

Kalk-Kasein-Milch als Haftbrücke

Kalk-Kasein-Milch naß-in-naß

250 g Magerquark

1 Kelle Sumpfkalk (ca. 500 g)

7–8 l Wasser

Quark und Kalk mit Rührquirl gut vermischen, dann mit Wasser auffüllen.

Kalk-Kasein-Milch naß-in-naß in den noch feuchten Lehmputz reiben.

Der Kasein-(Quark-)anteil darf nicht erhöht werden, weil der Putz sonst zu lange zum Trocknen brauchen würde.

Kalkputz

Weil Kalkputz sich nicht mit Lehm verbindet, muß er entweder frei mit einem Putzträgermaterial vor das Gefach gesetzt oder mechanisch im Lehmgefach aufgehängt werden, am besten beides zusammen.
Früher wurden mancherorts Kalkbröckchen halb in den noch frischen Lehm gesteckt oder man brachte Kalkputz naß-in-naß (s. S. 128) auf das Lehmgefach auf. Dann wurde mit der Kelle der Kalkputz stellenweise in den Lehm gedrückt. Das so entstehende Muster diente als Fassadenschmuck oder wurde überputzt. Auch die Stipptechnik mit dem Reiserbesen war verbreitet. Wenn wir Gefache, die mit Kalk verputzt werden sollen, mit Strohlehm neu ausfachen, stippen wir die Oberfläche und verwenden zusätzlich verzinkten Kaninchendraht als Putzträger.

Ehemaliges Küsterhaus Bad Hersfeld aus dem Jahre 1460. Im 2. Obergeschoß nach der Renovierung sichtbar gelassene Spuren der Verzahnung von Lehm und Kalkputz.

Mit einer Pappschablone abgedeckt, bleibt der warme Farbton des Lehms in dieser Ranke auch nach dem Anstrich sichtbar.

Drahtgeflecht als Putzträger

Kaninchendraht ist als Putzträger im Außenbereich besser geeignet als Streckmetall. Einmal ist er dünner und weitmaschiger; er trägt damit weniger auf und gewährleistet eine bessere kapillare Verbindung. Zum anderen ist er voll verzinkt, und die Gefahr unschöner Rostflecken ist so gebannt.

Die Kanten des Drahtgeflechtes nach innen umlegen. Die so entstandene versteifte Kante ringsherum mit verzinkten Dachpappenstiften an die Balken nageln. Bei dieser sehr ungeraden Lehmsteinausmauerung ist eine mechanische Verzahnung gerade noch gegeben, besser wäre es, die Fugen 2 cm tief auszukratzen.

In der Mitte das Putzträgergeflecht im Abstand von ca. 25 cm befestigen. Jeweils am oberen Rand der Wabe schräg nach unten nageln, damit sich der Draht am Nagel aufhängen kann und der Nagel nicht aus der Wand herausrutscht.

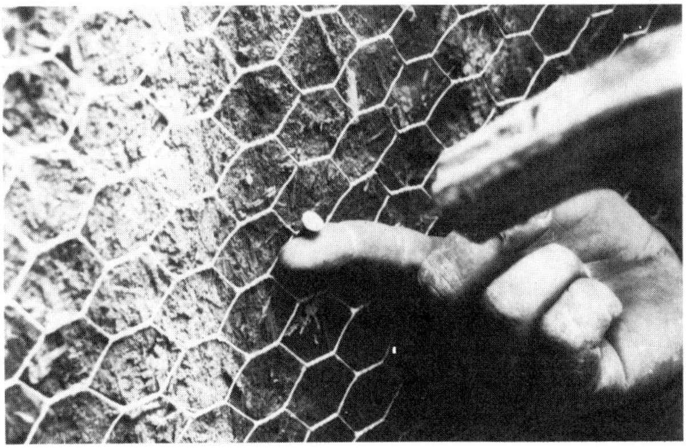

In dem abgewetterten Verputz ist die mechanische Verzahnung von Strohlehmausfachung und naß-in-naß aufgebrachtem Kalkputz gut zu erkennen. Fritzlar, Flehmengasse C 97.

Auch für Kalkputz das Lehmgefach gut vornässen, damit der trockene Lehm dem Kalkputz nicht zu schnell Feuchtigkeit entzieht. Denn hierdurch würde Kalkputz »ausbrennen«.
Dann immer erst einen Spritzbewurf aufbringen, d. h. in kleinen Mengen dünn gerührten Oberputz auf Putzträger und Gefach mit der Kelle als Haftgrund aufbringen.

Der zweilagige Kalkputz wird dann vom Anwerfen bis zum Glätten wie zweilagiger Lehmputz verarbeitet (s. S. 119).
Zur Verbindung von Ober- und Unterputz wird jedoch nicht glattgerieben und gestippt, sondern mit der Glättkelle rauh abgezogen.

Je nach Witterung bilden sich nach einer bis drei Stunden Trocknungsrisse im Kalkputz. Sie werden …

… mit einem in Kalkmilch getauchten Quast satt genäßt …

… und mit dem Reibebrett erneut verdichtet.

Vollflächiger Verputz

Auf Holz hält weder Lehm- noch Kalkputz. Immer dann, wenn eine mit Lehm ausgefachte Wand vollflächig, d. h. auch über die Balken hinweg, verputzt werden soll, muß über die Balken ein Putzträger gespannt werden. Heute verwendet man zusammenhängende Gewebe, die nicht nur eine mechanische Aufhängung, sondern zusätzlich eine Armierung des Putzes gewährleisten. Durch Spannungen und Bewegungen im Haus ist der Balkenanschluß immer eine »Sollbruchstelle« für den Putz. Das Armierungsgewebe, das 10 cm über den Balken überstehen sollte, erhöht die Biegefestigkeit des Putzes.

Putzträger auf Holz

Vor vierhundert Jahren kannte man noch keine Putzträgergewebe. Aber schon damals sorgte man mit einer sehr arbeitsintensiven Methode für die mechanische Aufhängung des Putzes.
Man verwendete auch Kerben, später Nägel, die man mit Draht verband.

Neben Rohrgeflecht kann als Putzträger über Balken auch Rabitzdraht (= Streckmetall), Ziegeldraht oder der bereits erwähnte Kaninchen- oder Refusidraht verwendet werden. Für Lehmputz bevorzugen wir Rohrgeflecht, das den lehmputzeigenen Faserstoffen entspricht. Für Kalkputz nehmen wir Kaninchendraht.

Der Putzträger wird mit dem Tacker oder mit verzinkten Nägeln befestigt. Er wird immer horizontal verarbeitet, damit sich der Putz aufhängen kann.
An Ständern und Streben sollte der Putzträger an beiden Seiten 6 bis 10 cm überstehen. An Querriegeln und Deckenbalken wird er auch oben und unten bzw. beidseitig im Gefach befestigt.

Freihändiges Putzen von Ecken und Schrägen

Bei der Auflistung des für Lehm- und Kalkputz erforderlichen Werkzeugs wurde bereits erwähnt, daß in einem alten Fachwerkhaus, in dem vieles nicht mehr lotrecht ist, nicht mit Putzlehren und Eckschienen gearbeitet werden sollte, sondern daß man den Verputz freihändig anpassen muß. Für Lehmputz steht in der alten DIN 1169 »alle ausspringenden Ecken sind rund zu putzen«.
Dies bedeutet nicht, daß Lehm nur mit weichen, geschwungenen Linien verarbeitet werden darf. Lehm eignet sich zwar dazu, aber eine Verwendung in dieser Form ist Geschmacksache. Scharfe Kanten sollten allerdings vermieden werden.

Eine Ecke wie an diesem mit Lehm vermauerten und verputzten Schornstein würde man sicher nicht unbedingt als rund bezeichnen, sie ist aber nicht scharfkantig.

Freihändig gezogene Kante
Speiß auf die Glättkelle nehmen, durch Hinzunahme einer zweiten Kelle einen Winkel bilden und den Speiß mit beiden Kellen gleichzeitig hochziehen. Die so gebildete Kante mit einer Glättkelle leicht rund ziehen.

Handverriebener Putz

Statt professionell mit Kelle und Glättbrett zu arbeiten, kann man im Inneren den Putz auch mit der Hand aufbringen und verreiben. Weil dadurch die Oberfläche nicht so stark verdichtet wird wie beim Abreiben mit dem Reibebrett, entstehen kleine Schwundrisse. Diese ergeben zusammen mit den an der Oberfläche verbleibenden Faserstoffen eine interessante Struktur, die erst richtig nach dem Streichen zur Geltung kommt (s. S. 89).

Mit der Hand aufgebrachter und verriebener Putz kann mit Putzmischung 1 hergestellt werden. Man kann den Häckselanteil dieser Mischung um noch einmal die Hälfte erhöhen, um noch mehr Faserstoffe an die Oberfläche zu bekommen. Geringe zusätzliche Wasserbeimengung macht die Mischung geschmeidiger und verarbeitungsfähiger. Der Putz muß dann mindestens einmal mit der Hand nachgerieben werden.

Eine ähnliche, mit Rauhfasertapete vergleichbare Wandstruktur erhält man, wenn man grob aufgezogenen Putz nur mit dem Quast und Wasser glättet.

Kratzmuster

Während Lehmstuckarbeiten nur an den Decken herausragender Gebäude belegt sind, finden wir schlichte Gefachverzierungen in Ställen, Scheunen und Räucherkammern. Die Kratzmuster, deren bautechnische Bedeutung bereits erwähnt wurden (s. S. 123), dienten häufig auch als Verzierung. In vielen Fällen hatte man ursprünglich wohl einen Oberputz geplant, aber ebenso häufig dürften die Kratzmuster von Anfang an als letzte und schmückende Oberfläche gedacht worden sein. In den Abbildungen sieht man, daß die Muster besonders sorgfältig und durchaus vielseitig sind, immer aber mit dem vierzackigen Kratzkamm ausgeführt wurden.

Heute sind die Kratzmuster aus bautechnischen Gründen nicht mehr erforderlich, der Lehm ist besser gemagert, die Verankerung von Kalk erfolgt mit Armiergeweben, mehr eingemischte Faserstoffe wirken der Rißbildung entgegen. Der hohe Faserstoffanteil und die sehr trockenen Mischungen erschweren bzw. verhindern allerdings auch das Einkratzen der Muster.

Wenn Kratzmuster auch heute nicht mehr nötig sind, so sind sie doch besonders dekorativ. Da sie immer nur in Nebenräumen sichtbar waren (dort, wo auch das Fachwerk unverputzt blieb), lassen sie den ehemaligen Stall- oder Scheunencharakter – heute vielleicht ganz anders genutzter Räume – erkennen.

Schlichter Gefachschmuck mit dem für Scheunen typischen Kratzmuster.

Herstellung eines Kratzkamms

Ein kleines Reststück Holz von ca. 0,5 bis 1 cm Brettstärke, etwa im Abstand von 4 bis 5 mm achtmal einsägen. Die Mittelstücke so herausbrechen, daß vier Zacken stehenbleiben.

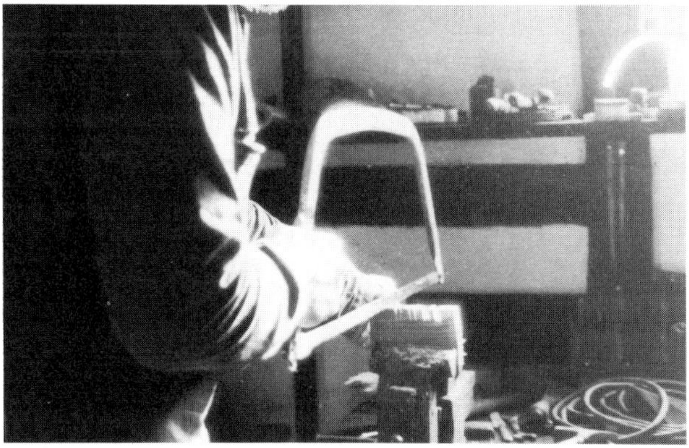

Kratzmuster einritzen

Sofort nach dem Verputzen, erst am Rand und dann in der Mitte, mit dem schräg geführten Kamm beliebige Rauten oder Wellenlinien einkämmen. Je weicher und geschmeidiger der Lehm ist und je weniger Faserstoff er enthält, desto schöner wird das Kratzmuster.

Auch wenn das mehr oder weniger sorgfältig und durchaus verschieden ausgeführte Rautenmuster das häufigste Motiv darstellt, so gibt es durchaus noch Variationsmöglichkeiten, seien es kleine Rosetten oder Sterne, oder wesentlich strengere, schlichte Rahmen um sehr gleichmäßig gezimmerte Gefache über einem offenen Kamin.

Der Putz auf den Gefachen wurde in diesem ehemals als Kornspeicher genutzten Raum mit dem Kratzkamm strukturiert (Wetterburg, Nord-Waldeck – 2. Obergeschoß).

10 Reparaturen

Reihenfolge der Arbeiten: Erst Holz, dann Lehm

Es wäre schade, wenn eine handwerklich saubere Arbeit mit Lehm an einem Haus vorgenommen würde, das in seinen tragenden Holzteilen gar nicht oder fehlerhaft saniert wurde. Im Rahmen dieses Buches können wir auf die zimmermanngerechte Reparatur der tragenden Holzteile leider nicht eingehen (siehe Literaturhinweise im Anhang).
Das Erneuern ganzer Wandverbände ist selten erforderlich, meist reicht das Auswechseln einzelner Teile aus, auch wenn dies häufig bestritten wird. Eichenfachwerk ist nicht nur preiswerter zu reparieren als zu erneuern. Man erhält sich durch die Reparatur auch wertvolle alte Substanz.

Bei Holzreparaturen Zimmermann um Rat fragen

Die vollständige, fachgerechte Reparatur des Fachwerkgerüstes muß immer zuerst erfolgen. Danach erst kann mit den Lehmarbeiten begonnen werden. Für die Zimmermannarbeiten ist es (bis auf ganz seltene Ausnahmen) kaum erforderlich, das Fachwerk vollständig auszukernen. Meist reicht es, einzelne Gefache herauszuschlagen oder, wie z.B. beim Anbringen von Stützen, Löcher in die Gefache zu schlagen, die hinterher nurmehr ausgebessert werden.
Lehm reagiert besonders schnell und »sichtbar« auf durch Wasser verursachte Bauschäden und Baufehler. Bei den wesentlich wasserfesteren Ausfachungen aus Ziegel-, Bims- oder Ytongsteinen führen dieselben Baufehler zu über lange Zeit nicht sichtbaren Durchfeuchtungen des Holzes, zu Fäulnisbildung und damit zu großen Schäden an den tragenden Teilen des Hauses.

Ursachen, nicht Symptome beheben

Schäden an Lehmgefachen rühren meist von Wassereinflüssen her, die durch undichte Dächer, defekte Regenrinnen, Anschluß-Baufehler (keine Dachüberstände, nicht ausreichender Spritzwasserschutz bei Anbauten etc.) verursacht werden. Wie die Schäden am Holztragegerüst, müssen auch diese Fehler vor der Reparatur der Lehmbauteile beseitigt werden.

Die Bindekraft des Lehms ist rein mechanisch und nur durch das Trocknen des aufgenommenen Wassers bedingt (s. S. 22). Wird Lehm durch erneute Wasserzugabe angelöst, so kann er sich mit neuem Lehm auf gleiche Weise wieder verbinden, und zwar weitaus besser als mit anderen Materialien, bei denen Haftbrücken o. ä. erforderlich sind.

Reparatur von Lehmgefachen

Die meisten Lehmgefache, die auf den ersten Blick in einem desolaten Zustand sind, weisen nur Putzschäden auf. Auch Setz- oder Schwundrisse im Gefach können, wenn das Stakengeflecht intakt ist, mit Putzlehm repariert werden.

Selbst wenn Staken und Geflecht stellenweise herausschauen, so reicht die Reparatur mit einlagigem oder (im Außenbereich) zweilagigem Putz aus.

Verputz

Vor dem Verputz alle lockeren Teile mit dem Hammer entfernen, wenn erforderlich und um schleifende Übergänge zu vermeiden, mehr Lehm abklopfen. Die Putzstärke muß auf dem gesamten Gefach in etwa gleich sein. Bei Verwendung von Grobsand oder Kies mit Korngrößen über 0,5 mm, muß der Putz um mindestens 2 mm stärker sein als das größte Korn der Aussiebung.

Vornässen

Beim Verputzen von Altgefachen (wie auch beim Ausbessern mit Strohlehm) ist das Vornässen besonders wichtig, darum schon am Abend vorher die zu verputzenden Gefache satt vornässen und vor Arbeitsbeginn wiederholen.
Der ein- oder zweilagige Verputz wird mit allen Arbeitsschritten vom Anwerfen bis zum Glätten ausgeführt (s. S. 119).
Ist der Strohlehm stellenweise zu locker, so entfernt man die losen Teile und verfüllt neu mit Gefachlehm.

Einseitige Reparatur

Bei bewohnten Räumen können die Gefache von außen repariert werden, selbst wenn Staken und Geflecht erneuert werden müssen. Gefachlehm und Staken werden vorsichtig bis zur inneren Putzschale entfernt. Dies ist nicht so schwierig, weil der Innenputz bei alten Fachwerkhäusern meist recht stark ausgelegt wurde (oft bis zu 8 cm).

In das ausgekernte Gefach werden neue Staken so eingekeilt, daß sie als Halterung für den Putzträger dienen können. Da sie nicht mit Geflecht armiert werden können, schlägt man mit dem Beil kleine Kerben in die Staken, so daß die Splitter wie kleine Ohren abstehen und dem einzelnen Strohhalm einen Halt geben können. Den Innenputz gut annässen und dann das Gefach mit Strohlehm auswerfen. Weil durch geringe Armierung die Gefahr von Setzrissen gegeben ist, erst das Gefach durchtrocknen lassen und evtl. vorhandene Setzrisse nachstopfen, bevor der Putzträger direkt auf die Staken aufgenagelt wird. Dann normal (wie bereits beschrieben) verputzen.

Da die Staken nicht in einer Führung sitzen können, müssen sie oben und unten schräg angenagelt werden.

Kalkputz

Auch ausgebrochene Kalkoberputze können repariert werden: Entweder ein kleines Stück Putzträgerdraht mit verzinkten Nägeln direkt auf den Lehm nageln (s. S. 127). Oder, wenn der vorhandene Kalkputz zu dünn ist (weniger als 5 mm) eine Haftbrücke aus Kalk-Kasein-Milch verwenden.

Naß-in-naß mit Kalk-Kasein grundieren. Danach den Putz aufziehen (auf gleicher Höhe wie der alte Putz). Vor allem an den Kanten gut verreiben, die Kanten mit dem Pinsel nachwischen. Schleifende Übergänge vermeiden.

Reparaturen lohnen (fast) immer!

Die erheblichen Schäden am Kalkputz dieses Fassadenstückes und an dem darunterliegenden Lehm wurden durch ein Vordach, das fehlerhaft in der Fassade verankert war, verursacht.
Die erforderlichen Arbeiten umfaßten: Putz abklopfen, drei Gefache neu ausstaken (einseitige Reparatur), an zwei weiteren Gefachen Lehmschlag ausbessern und alle Gefache zweilagig neu verputzen und mit zweilagigem Kalkanstrich versehen. Sie dauerten insgesamt nicht mehr als 16 Stunden; Fazit: in den allermeisten Fällen lohnt die Reparatur!

Vor der Reparatur

Nach der Reparatur

11 Anstriche

Offenporige Anstriche

»Der Anstrich soll Teil eines Ganzen sein«, diese Forderung ist für den Lehmfachwerkbau besonders wichtig.
Fachwerkhäuser sind nicht pflegeleicht, zumindest nicht im Sinne einer immerwährenden Haltbarkeit ohne regelmäßige Überprüfung der Substanz, ohne Reparaturen und gelegentliche Neuanstriche. Aber ohne Pflege verliert jedes Haus, ob in Lehm-Fachwerk, in Stein oder Beton gebaut.
Ebensowenig wie man eine antike Holztruhe statt sie zu wachsen mit PVC beschichtet, sollte man versuchen, ein altes Fachwerkhaus mit aller Gewalt den Bedürfnissen der Neuzeit anzupassen, um Unterhaltsarbeit zu sparen, langfristig zerstört man es damit.
Fassadenanstriche, die so ausreichend dampfdurchlässig sind, daß sie dem von innen kommenden Dampfdruck widerstehen und nicht abplatzen, zeichnen sich durch ihre Offenporigkeit aus. Sie haben kaum Elastizität und sollten, weil sie dadurch schneller abwittern, alle vier bis fünf Jahre wiederholt werden.
Ein guter Anstrich dieser Art zeigt kein auffälliges Schadensbild, er wittert nur langsam ab und wird dünner.

Handelsübliche Farben

Bei Anstrichen, die heute als dampfdurchlässig angeboten werden, ist die Dampfdurchlässigkeit ein relativer Begriff. In bezug auf Beton oder hartgebrannte Steine mag das stimmen, aber auf einem Lehmgefach entsteht unter solchen Anstrichen eine Tauwasserstaufläche, die die Farbschichten aufplatzen läßt. Im Holzanschlußbereich trocknet das Wasser nicht schnell genug ab, so daß es zu Fäulnisschäden am Tragegerüst des Hauses kommen kann.

Anno 1981 renov.
13

Abgewetterter Kalkputz auf Lehmsteinen und lehmvermauerten Ziegelsteinen; Gefache mit blauen Beistrichen. Wenigenhasungen/Kreis Wolfhagen.

Moderne Farbe, fünf bis sechs Jahre nach dem Anstrich. Der weitere Verfall bis in den Putz hinein geht nun sehr schnell.

Latex-, Kunststoff- oder Dispersionsfarben sind für Lehmgefache ungeeignet. Bei Mineralfarben auf Silikatbasis entsteht keine Verbindung, weil sie auf Lehm nicht verkieseln.

Kalkanstriche

Am besten eignen sich Kalkanstriche. Mit Kalk ist nicht der handelsübliche Weißkalk gemeint, der nicht wasserfest und nicht wischfest ist, sondern Sumpfkalk, der aus der Luft beim Trocknen Kohlensäure aufnimmt und wieder zu Kalkstein wird. Da Kalk sich nicht mit Lehm verbindet, wird auf den Lehm eine Haftbrücke aus verdünntem Kalk-Kasein-Leim aufgestrichen. Bei neuen Lehmputzen kann man die kalkhaltigere (dampfdurchlässigere) Kalk-Kasein-Milch (s. S. 124) verwenden, bei altem Lehmputz die hier beschriebene Kalk-Kasein-Grundierung, die in den Lehm eindringt und sich auch ohne Verreiben mit ihm verbindet.

Rezept:

Kalk-Kasein-Leim für Grundierungen und als Farb-Bindemittel

Kalk-Kasein-Leim

5 Teile Magerquark

1 Teil Sumpfkalk

Butterwasser vom Quark abgießen; **ohne Wasserzugabe** Kalk und Quark mit einem Rührquirl 1 bis 2 Minuten kräftig durchrühren, bis ein flüssiger Leim entsteht. Nach spätestens 1 Stunde muß der Leim für Grundierungen mit Wasser und für Farbe mit Kalk oder kalkechten Pigmenten angesetzt sein, weil sonst der Leim geliert und unbrauchbar wird.

Grundierung für Kalkanstriche

Der Kalk-Kasein-Leim ist keine Farbe, sondern ein wasserabweisendes Bindemittel.

Wenn das Kasein aufgeschlossen ist, kann der Leim mit Wasser 1 : 5 verdünnt und auf die Lehmgefache gestrichen werden. Dies darf nur ganz dünn geschehen,

weil erstens dicker Leim die Dampfdurchlässigkeit zu stark herabsetzt und
weil sich zweitens der Leim beim Trocknen zusammenziehen und reißen würde.

Kalkfarbe

Als Farbe wird Sumpfkalk mit Magermilch dünnflüssig gerührt und naß-in-naß auf die Kaseingrundierung zwei- bis dreimal dünn aufgestrichen. In den Sumpfkalk können zur farbigen Gestaltung der Gefache sehr gut kalkechte Farbpigmente eingerührt werden. Man erhält damit warme, weiche Töne, die den alten Farbbefunden am Haus gut angeglichen werden können. Als letzte Schicht empfiehlt sich wieder ein ganz dünner Kaseinleimanstrich, der die Oberfläche etwas wasserabweisender macht.
Außenanstriche in dieser Technik haben, wenn sie geschützt und nicht gerade an der Hauptwetterseite lagen, schon 100 bis 200 Jahre gehalten. So lange können unsere Anstriche heute nicht mehr halten. Sie müssen, wie erwähnt, alle vier bis fünf Jahre wiederholt werden.

Kalkleimfarben für Innenräume

Innen können sowohl die Gefache als auch der vollflächige Verputz mit Kalkleimfarben ausgeführt werden. Kalkleimfarben sind ausreichend wischfest, aber nicht wasserfest.
Der Lehmputz wird mit einer dünnen Leimlösung vorgeleimt. Man kann den Leim in Malergeschäften oder Baumärkten als Maler- oder Stärkeleim bekommen. Er wird ähnlich wie Tapetenkleister verarbeitet: In kaltem Wasser aufquellen lassen und nach 20 Minuten kräftig durchrühren. In den Leim dann Sumpfkalk (und wenn gewünscht Farbpigmente) einrühren.

Feuchtraumanstriche

Für Feuchträume, wie Duschen und Bäder mit hohem Wasserdampfanfall oder für Küchen, wo die Wände auch einmal abgewaschen werden sollen, empfiehlt sich die Verwendung einer wasserabweisenden und auch dampfsperrenden Farbe auf der Basis von Kalk-Kasein-Leim. Es muß vor allem im Deckenanschluß und in den Ecken zweimal sehr sorgfältig gestrichen werden.

Rezept:

wasserabweisende Farbe für Feuchträume

Kalk-Kaseinleim-Farbe

1 Teil Kaseinleim

4 Teile Kalk <u>oder</u> kalkechte Pigmente

2–5 % Speiseöl oder Leinölfirnis

Mit dem Rührquirl mischen; kann, wenn nötig mit wenig Wasser verdünnt werden.
Das Öl nimmt der Farbe ihre Sprödigkeit, dickt aber die Farbe etwas ein.
Zweimal sehr dünn streichen.

Entfernen alter Fehlanstriche

Bei Neuanstrichen müssen alte Farbschichten soweit entfernt werden, bis wieder ein einwandfreier Malgrund entsteht. Ist der Altanstrich mit Leimfarbe ausgeführt, braucht er nur abgewaschen werden. Bei mehrlagigen, dickeren Schichten, mit Wasser einweichen und mit einem Spachtel abstoßen, ohne den Putz zu beschädigen.
Kaseinanstriche müssen meist nur kräftig abgebürstet werden. Fehlanstriche, die dampfundurchlässig sind und teilweise aufplatzen, beizt man ab. Handelsübliche Beizen sind nicht nur teuer, man muß sie auch mit viel Wasser nachwaschen. Das schadet dem wasserempfindlichen Lehmputz, von Dreck und Feuchtigkeit in den Räumen ganz abgesehen. Man kann ein fast trockenes Abbeizmittel gut selbst herstellen.

Rezept:

Abbeizmittel für Alt- und Fehlanstriche

Abbeizmittel

1 Teil Sumpfkalk

1 Teil Schmierseife (Kaliseife)

Kalk und Schmierseife miteinander durchspachteln und dann mit Zieh- oder Japanspachtel auf die abzubeizende Wand aufziehen. Nach wenigen Minuten die gelösten Ölfarben oder Emulsionsanstriche mit Spachteln abnehmen. Farbreste mit einer weichen Drahtbürste entfernen.

12

Neubauten aus Leichtlehm

Hauptsächlich aus ökologischen und baubiologischen Überlegungen wurde die altbekannte, aber längst in Vergessenheit geratene Technik des Leichtlehmbaus wieder belebt und findet vor allem seit Erscheinen des Buches LEICHTLEHMBAU von Franz Volhard im Jahre 1983 immer mehr Anhänger und Befürworter.
Den verputzten oder holzverschalten Häusern mit Außenwandstärken (je nach Achitekt von 30 bis 40 cm), sieht man ihre Konstruktion ebensowenig an wie den Stampflehmbauten aus dem letzten Jahrhundert.
Während die Erbauer von Lehmstampfbauten die Wärmespeicherfähigkeit des schweren Materials und die Isolierung durch die enormen Wandstärken nutzten, basieren die niedrigen Heizkostenrechnungen moderner Leicht-

Das 1825–1828 an den Hang gebaute 23 m hohe Stampflehmhaus in Weilburg an der Lahn, weist in den Untergeschossen 1,20 m und im Obergeschoß immer noch 0,40 m starke Wände auf.

lehmbauten auf der guten Wärmeisolierung des leichten Baustoffes mit vielen Lufteinschlüssen (s. S. 16).

Konstruktion des Holztragegerüsts

Obwohl Leichtlehm-Neubauten eine Holzständerkonstruktion als Tragegerüst aufweisen, sind sie keine Fachwerkbauten im herkömmlichen Sinne. Die Holzkonstruktion wird »stampffreundlich« ausgelegt. Einmal gibt es die Möglichkeit, die Holzstäbe ganz mit Lehm zu umschließen, so daß sie im Inneren der Wand liegen (Forderung der DIN 18953, Blatt 3 von 1956. Die DIN wurde 1972 ersatzlos zurückgezogen, ist aber noch heute Leitfaden für die Genehmigung von Lehmbauten). Zum anderen besteht die Möglichkeit eines Holzzangensystems nach dem die Holzstäbe wesentlich dünner dimensioniert, aber dafür doppelt an Innen- und Außenseite der Wand angeordnet werden. Die letzte Methode bietet den Vorteil, daß die Holzstäbe gleich als Führungsleisten für die Schalung dienen können.

Zangenbauweise

Innenliegender Ständer

Kostengünstiges Bauen

Der Leichtlehm, mit dem diese Neubauten erstellt werden, ist noch wesentlich leichter als der von uns für innenliegende Isolierschalen verwendete Baustoff und muß darum sorgfältiger gestampft werden. Das Anmischverfahren ist das gleiche, allerdings wird es von Architekten und Baumeistern ständig weiter rationalisiert. Von Maschinen der keramischen Industrie über eigens dafür konstruierte Stroh-Tauchbecken bis hin zum als Baumaschine umfunktionierten Miststreuer ist bei den »Profis« praktisch alles zu finden. Für den Lehmfachwerkbau wie für den Leichtlehmbau gilt:

Hat man das Anmischverfahren einmal im Griff und gut durchrationalisiert, so ist der Lehmbau konkurrenzlos preisgünstig.
Er genügt dabei höchsten Anforderungen an die Wohnqualität und Lebensdauer und ist nicht zuletzt als ökologischer, keine Primärenergie verschwendender, giftfreier Baustoff zu schätzen.

Da Lehm und Leichtlehm sich hervorragend für den Selbstbau eignen, und Lehm auch fast überall kostengünstig zu haben ist, ist es verständlich, daß die Bauindustrie in ihrer Gesamtheit diese Bauweise nicht gerade propagiert. Gestiegene Lebenshaltungskosten und hohe Zinsbelastung machen es den Bauherrn immer schwerer, mit heute üblichen Baustoffen ein gesundes und preisgünstiges Eigenheim zu errichten.
Ein Bauherr, der sich das Holztragegerüst seines Hauses von einem Zimmermann erstellen und anschließend gleich von einem Dachdecker das Dach eindecken läßt, kann (eine gute Planung vorausgesetzt) seinen Rohbau in zwei bis drei Monaten mit Eigenleistung fertigstellen. Die Kosten dieses Rohbaus bei einem normal großen Haus von ca. 140 m² Wohnfläche dürften heute mit 50 bis 70% im Vergleich zum konventionellen Rohbau anzusetzen sein!
Lehmstampfarbeiten sollten auf keinen Fall über den August hinaus ausgeführt werden, wenn man das Haus nicht künstlich trocknen will. Später ausgeführte Arbeiten sind erst im nächsten Frühjahr trocken. Außenwände von ca. 30 cm Durchmesser trocknen im Sommer nach Volhard sechs bis acht Wochen, Innenwände entsprechend länger.

Weitere Mischtechniken für Leichtlehm

Man kann den Leichtlehm direkt an der Verarbeitungsstelle bereiten, indem man die Lehmbrühe über das ausgebreitete Stroh gießt. Dann schüttelt man mit einer Gabel das Stroh mehrmals durch, bis alle Halme mit Lehm bedeckt sind. Das schon beschriebenen Tauchverfahren (s. S. 85) ist eine weitere Möglichkeit.

A. Dilthey benutzt zum Aufbereiten der Lehmschlämme ein selbstgebautes Rührgerät aus einer Öltonne mit einem Waschmaschinenmotor.

Der Lehmbauunternehmer Peter Breidenbach aus Viersen benutzt zum Herstellen der Schlämme eine Maschine aus der keramischen Industrie. Ein »Putzmeister« mit Schnellaufquirl tut es natürlich auch.

Die Schlämme wird mit Hilfe einer Pumpe in die von Peter Breidenbach selbst entwickelte und patentierte Strohtauchwanne gefüllt.

Stroh wird dann in die mit Lehmschlämme gefüllte Wanne getaucht und …

… mit einem in der Wanne liegenden Sieb wieder herausgezogen und auf einen Haufen zum Mauken gekippt. Dann kann wie beschrieben weitergearbeitet werden.

Vorgefertigte Formteile zum Trockeneinbau

Leichtlehm eignet sich auch sehr gut zur Herstellung von Formsteinen, die in einer Form von z.B. 25x25x40 cm hergestellt werden können. Man kann sie dann trocken (für Innenwände auch noch im Herbst) mit Lehm oder Kalkmörtel vermauern.

Wird für Innenwände eine größere Wärmespeicherkapazität gewünscht, sollten Lehmformlinge aus schwerem Material verwendet werden.

Leichtlehm-Kappendecke

Ein Beispiel für die einfache Herstellung von Formteilen aus Leichtlehm ist die Leichtlehm-Kappendecke. Es ist eine Geschoßdecke, die nicht historisch im Fachwerkbau ist. Sie wurde nach den Weltkriegen, als es um schnelles und billiges Bauen ging, als Deckenkonstruktion für den Lehmmassivbau propagiert. Der Aachener Architekt A. Dilthey hat das Verfahren aufgegriffen und weiterentwickelt.

Die Herstellung erfolgt entweder als Trockendecke aus Fertigteilen, die in einem Formrahmen vorfabriziert wird oder sie wird vor Ort als Naßstampfdecke eingebaut. Bei dem Naßeinbau wird der Leichtlehm auf eine verlorene Schalung aus drahtarmiertem Rohrgeflecht gestampft, das von unten mit einem Lehm-, Kalk- oder Gipsputz versehen wird.

In eine Form (Innenmaß 96 x 41 cm) mit einer gewölbten Bodenplatte, wird die Leichtlehmmischung eingestampft.

Der Formstein wird gleich aus der Form gestoßen und zum Trocknen unter Dach gebracht.
Hier: Modell eines Deckenformsteines.

Beim Naßeinbau bilden die Deckenbalken den Formrahmen, die gewölbte Bodenplatte wird von einer eingebogenen Strohmatte ersetzl (ca. 2 cm stark), die als Verlorene Schalung gleich den Putzträger bildet.
Hier: Modell mit Schilfrohrmatte.

Eingebaute Kappen im Rohbau.

Mit innenliegender Bewehrung können nach dem gleichen Prinzip auch gerade Bauteile ausgeführt werden.

13 Anhang

Bildnachweis
Schwarz-Weiß-Abbildungen

A. Dilthey, 5100 Aachen
S. 7, S. 133 Mitte, S. 151 unten, alle Abbildungen S. 155 u. 156

D. Leszner, 5000 Köln
S. 8, S. 78, S. 110

Landwirtschaftsmuseum Lüneburger Heide e.V.,
Hösseringen, 3113 Suderburg
Alle Abbildungen auf S. 69, S. 70, S. 102, S. 103, S. 109 u.
S. 111 oben

P. Breidenbach, 4060 Viersen
S. 52 oben, S. 94 oben, alle Abbildungen S. 152 u. 153

IGB Interessengemeinschaft Bauernhaus e.V.,
Veertein, 2833 Kirchseelte
S. 63 unten (Kraft), S. 76 (Kraft), S. 111 Mitte (Kiesow)

Landesamt für Denkmalpflege Hessen, 3550 Marburg
S. 42 (Archiv), S. 73 (Korn), S. 128 (Archiv)

A. Hoops, 3030 Walsrode 9
S. 151 oben

Alle anderen Schwarz-Weiß-Abbildungen von den Autoren

Farbabbildungen

A. Dilthey, S. 89, S. 126

Landesamt für Denkmalpflege Hessen, Marburg,
S. 54 (Neumann), S. 125 (Neumann)

IGB Interessengemeinschaft Bauernhaus e.V., S. 17 (Riepshoff),
S. 72 (Kraft)

Alle anderen Farbabbildungen von den Autoren

Literaturhinweise

DIN 1169, Lehmmörtel für Mauerwerk und Putz; Berlin 1947

DIN 18951 ff., Normen zum Lehmbau, Berlin 1949–1953

Lehmmassivbau

Keppler, Lemcke: Mit Lehm gebaut – ein Lehmhaus im Selbstbau; München 1986

Niemeyer, Richard: Der Lehmbau und seine praktische Anwendung; Nienburg, Weser 1946, Reprint: Grebenstein 1982

Leichtlehmbau

Volhard, Franz: Leichtlehmbau, alter Baustoff neue Technik; Karlsruhe 1983

Bilddokumentationen, Lehmbauten verschiedener Erdteile

Dethier, Jean, Hrsg.: Lehmarchitektur, die Zukunft einer vergessenen Bautradition; München 1982

Gardi, René: Auch im Lehmhaus läßt sich leben; Graz 1973

Schneider, Jürgen: Am Anfang die Erde, sanfter Baustoff Lehm; Köln 1985

Fachwerk

Binding, Mainzer, Wiedenau: Kleine Kunstgeschichte des Deutschen Fachwerkbaus; Darmstadt 1977

Gerner, Manfred: Fachwerk – Entwicklung, Gefüge, Instandsetzung; Stuttgart 1975

ders.: Farbiges Fachwerk – Ausfachung, Putz, Wärmedämmung, Farbgestaltung; Stuttgart 1983

Allgemeine Bautechnik und Baustoffkunde

Arendt, Claus: Altbau-Erneuerung – Leitfaden zur Erhaltung und Modernisierung alter Häuser; Stuttgart 1977

DIN 4102, Brandverhalten von Baustoffen und Bauteilen; Berlin 1970

DIN 4108, Wärmeschutz im Hochbau; Berlin 1981

DIN 4701, Regeln für die Berechnung des Wärmebedarfs von Gebäuden; Berlin 1983

Krenkler, Karl: Chemie des Bauwesens, Bd. 1 Anorganische Chemie; Berlin, Heidelberg 1980

Schwabe, K.-H., Rother, G.: Angewandte Baubiologie; Waldeck 1985

Wehlte, Kurt: Werkstoffe und Techniken der Malerei; Ravensburg 1967

Schriftenreihen

IGB, Interessengemeinschaft Bauernhaus e.V.: Mitteilungsblatt »Der Holznagel«; Sonderdruck: Preßler; das Ausfachen mit Lehm; Kirchseelte

Minke, Gernot, Hrsg.: Bauen mit Lehm – aktuelle Berichte aus Praxis und Forschung – bisher erschienen Heft 1–5; Freiburg 1984, 1985, 1986

Stichwortverzeichnis